·文学论丛·

国外英语语言文学研究前沿（2019—2020）

A Review of International EL&L（2019—2020）

张旭春 主编

「后书信式」叙事与远程情感表达

基于复杂适应系统的语言互动研究

机器翻译现状与翻译行业未来走向的思考

图书在版编目（CIP）数据

国外英语语言文学研究前沿 . 2019–2020 / 张旭春主编 . -- 北京 ：北京大学出版社，2024.8

（文学论丛）

ISBN 978-7-301-35121-5

Ⅰ. ① 国… Ⅱ. ① 张… Ⅲ . ① 英语—语言学—国外—文集 Ⅳ . ① H31-53

中国国家版本馆 CIP 数据核字（2024）第 108136 号

书　　名　国外英语语言文学研究前沿（2019—2020）
　　　　　GUOWAI YINGYU YUYAN WENXUE YANJIU QIANYAN (2019—2020)

著作责任者　张旭春　主编

责任编辑　刘文静

标准书号　ISBN 978-7-301-35121-5

出版发行　北京大学出版社

地　　址　北京市海淀区成府路 205 号　100871

网　　址　http://www.pup.cn　　新浪微博：@ 北京大学出版社

电子邮箱　编辑部 pupwaiwen@pup.cn　总编室 zpup@pup.cn

电　　话　邮购部 010-62752015　发行部 010-62750672
　　　　　编辑部 010-62759634

印 刷 者　北京虎彩文化传播有限公司

经 销 者　新华书店
　　　　　650 毫米 ×980 毫米　16 开本　14.75 印张　240 千字
　　　　　2024 年 8 月第 1 版　2024 年 8 月第 1 次印刷

定　　价　78.00 元

主办单位　四川外国语大学英语学院

主　编　张旭春

副主编　李金树　杨金龙

主编序

《国外英语语言文学研究前沿（2019—2020）》（*A Review of International EL&L（2019—2020）*）共分为“英美文学研究”“语言学与应用语言学研究”和“翻译学研究”三个板块。其中“英美文学研究”收录 4 篇文章、“语言学与应用语言学研究”收录 6 篇文章、“翻译学研究”收录 3 篇文章，总计 13 篇文章。这些文章的述评对象主要选自 2019 年至 2020 年国际顶尖学术刊物上所发表的代表性前沿成果。这些刊物包括 *New Literary History, Studies in Romanticism, ELH, Cognitive Linguistics, International Journal of Multilingualism, Research on Language and Social Interaction, Translation and Literature, Translation Studies, Target* 等。

“英美文学研究”共收录 4 篇文章。《高校学术劳动模式的新探讨》述评了 Heather Steffen 的“Imagining academic labor in the US university”对美国大学中四种学术劳动模式，即专业模式、工会模式、职业模式和创业模式的研究。该文作者通过大量的文献分析与论证，呈现了特定的社会经济发展状况下，美国高校的学术工作者关于职业认同感与归属感的复杂性和多样性。《诞生于悖论中的艺术审美》述评了 Rachel Elsendrath 的“ The long nightwatch: Augustine, *Hamlet*, and the aesthetic”对《哈姆雷特》中的戏剧独白和基督教神学家奥古斯丁的宗教沉思与该剧中自我不自洽性问题之关系的研究。《悖论的散漫》述评了 Seamus Perry 的“Coleridge’s desultoriness”对 1817 年版的《神叶诗灵》（*Sibylline Leaves*）中柯尔律治“散漫的”思考习惯与写作习惯物化方式进行的探讨。《“后书信式”叙事与远程情感表达》述评了 Will Glovinsky 的“Unfeeling omniscience: Empire and distant intimacy in *Vanity Fair*”以《名利场》为例，对 19 世纪书信体小说的衰落与当时英帝国海外扩张和移民潮所引发的实际书信往来大幅增加之间的鸿沟这个问题的研究。

“语言学与应用语言学研究”收录6篇文章。《语言概念化研究的新视角》述评了A. Peters和S. Rooy两位作者合著的“Exploring the interplay of language and body in South African youth: A portrait-corpus study”如何采用语言肖像分析法，对105名南非青年结构化的语言肖像数据进行定性和定量分析。《语言如何影响认知》述评了Dagmar Divjak和Petar Milin合著的“Construal in language: A visual-world approach to the effects of linguistic alternations on event perception and conception”一文对眼动实验的进一步研究，从而考察了语言介入对场景感知及其概念化的影响。《外语课堂教学媒介语新视角》述评了G. Anuradha的“Ecological perspectives on implementing multilingual pedagogies in adult foreign language classrooms—A comparative case study”，以语言生态观为基础，讨论了在外语课堂教学中使用多语种作为教学媒介语的实践可能性问题。《预期式补全研究的新进展》述评了G. B. Bolden等合著的“Subversive completions: Turn-taking resources for commandeering the recipient's action in progress”对推翻式补全两种用途的研究。《基于复杂适应系统的语言互动研究》述评了Lynn Anthonissen所著“Cognition in construction grammar: Connecting individual and community grammars”一文如何基于50位早期现代作家的历时语料库，以EC模型为理论框架，分析介词被动构式在早期现代英语中的扩展情况来考察个人语言与社群语言变化如何相互作用。《语法知识中的个体差异：一个被语言研究忽略的层面》述评了Peter Petré和Lynn Anthonissen合著的“Individuality in complex systems: A constructionist approach”对认知构式语法可以作为方法工具和分析模型去解释语言中的个体性问题的研究。

“翻译学研究”共收录3篇文章。《哲学阐释学对翻译协作的解释效力》述评了Alexa Alfer所著“The translaborative case for a translational hermeneutics”对翻译协作概念为何无法置于现有的翻译阐释学体系中这个问题进行的研究。《机器翻译现状与翻译行业未来走向的思考》述评了 Lucas Nunes Vieira 的 "Translation anxiety and translators" 一文对由于机器翻译的局限所产出的劣质译文会带给市场负面影响这个问题进行的研究。《原本无源　源流相生》述评了 Gaskill Howard 所著"Back-translation as self-translation: The strange case of darkness at noon" 对作为自译的文化回译中所发生的变异现象及其原因进行的研究。

《国外英语语言文学研究前沿》创办于 2013 年，迄今已经连续出版了 6 期。2019 年年底突然暴发的新冠疫情持续肆虐三年。在过去三年的艰难岁月里，我们仍然推出了《国外英语语言文学研究前沿（2017）》（2020 年出版）和《国外英语语言文学研究前沿（2018）》（2021 年出版）两期。本期《国外英语语言文学研究前沿（2019—2020）》是对 2019—2020 两年国外英语语言文学学术前沿成果述评的合集。述评文章作者大多为四川外国语大学英语学院一线教师或在读博士生。他们的日常教学工作、个人科研和学习任务都十分繁重，加之所评文章均为当代国际前沿最新成果，要充分吃透这些成果的精髓并对其进行清晰的梳理和批评性评价，对每一位撰稿人来说都是极大的挑战。因此，每篇文章都可能存在着各种疏漏甚至讹误。对此，我们敬请国内英语语言文学教学和研究界的同仁给予批评指正。

本期《前沿》的出版也标志着本主编历史使命的完成。本人在此谨向北京大学出版社张冰教授、刘文静老师以及所有参与本刊编辑出版的工作人员多年来的悉心指导、热诚帮助和艰辛付出表示诚挚的感谢！

张旭春

2023 年 9 月

四川外国大学英语学院

目　录

英美文学研究

"后书信式"叙事与远程情感表达
——《超然的无所不知：〈名利场〉中的帝国与远程亲密》
一文述评 …………………………………………… 邓帮华　3

悖论的散漫
——《柯尔律治的散漫》
一文述评 …………………………………………… 王　榕　22

诞生于悖论中的艺术审美
——《漫长的守夜：奥古斯丁，〈哈姆雷特〉及审美观》
一文述评 …………………………………………… 毕建程　41

高校学术劳动模式的新探讨
——《想象一下在美国高校的学术劳动》
一文述评 …………………………………………… 万　姗　64

语言学与应用语言学研究

基于复杂适应系统的语言互动研究
——《构式语法中的认知：连接个人语法和社群语法》
一文述评 …………………………………………… 刘德林　87

外语课堂教学媒介语新视角
——《生态观视域下的外语课堂多语教学实践：一项个案对比研究》
一文述评 ……………………………… 杨金龙　王振欣　101

语法知识中的个体差异：一个被语言研究忽略的层面
——《构式语法下复杂系统中的个体性》
一文述评 …………………………………………杨玉顺 113
语言概念化研究的新视角
——《基于肖像语料库的语言与身体互动研究：以非洲青年为例》
一文述评 ……………………………… 何冰艳 李 莎 128
语言如何影响认知
——《语言识解：从视觉效应观察语言对事件感知及其概念化的影响》
一文述评 ………… 胡志勇 关佳修 李 燕 李帅英 150
预期式补全研究的新进展
——《推翻式补全：强占受话人进行中行为的话轮转换资源》
一文述评 ………………………………………… 邱梦颖 163

翻译学研究

机器翻译现状与翻译行业未来走向的思考
——《自动化焦虑和译者》
一文述评 ………………………………………… 李海英 185
原本无源 源流相生
——《作为自译的回译：殊例〈中午的黑暗〉》
一文述评 ………………………………………… 陈秀石 200
哲学阐释学对翻译协作的解释效力
——《翻译阐释学视角下的翻译协作》
一文述评 ………………………………………… 伍 凌 214

英美文学研究

“后书信式”[①] 叙事与远程情感表达

——《超然的无所不知：〈名利场〉中的帝国与远程亲密》[②]一文述评

（四川外国语大学 英语学院，重庆 400031） 邓帮华

摘要： 在英国小说发展史中，评论家们普遍认同18世纪的小说突出书信体风格，而19世纪伊始全知叙事模式蓬勃发展并逐渐成为主导叙事模式。但威尔·戈洛文斯基（Will Glovinsky）不仅注意到这一重要的转向，而且发现了19世纪书信体小说衰落与当时英帝国海外扩张和移民潮所引发的实际书信往来大幅增加之间的鸿沟。戈洛文斯基在考察19世纪著名现实主义讽刺小说《名利场》（*Vanity Fair*）时，发现这一鸿沟正是小说特殊叙事模式的源动力。在戈洛文斯基所著《超然的无所不知：〈名利场〉中的帝国与远程亲密》一文中，他提出了“后书信式”（post-epistolary）叙事的概念，并把《名利场》划入该范畴，认为威廉·梅克比斯·萨克雷（William Makepeace Thackeray）虽运用了部分书信叙事，但主要运用非完全故事外的全知叙事者来统筹通信背景中广阔的行动空

---

① 戈洛文斯基对这个术语的解释，主要关注其时间上后于“书信体”、内容上与全知叙事结合的叙事特点。鉴于该术语与“书信体”无实质内涵上的区分，所以笔者将其试译为“后书信式”。

② Glovinsky, Will. Unfeeling omniscience: Empire and distant intimacy in *Vanity Fair*. *ELH*, 2020, 87 (1): 91–120.

间。这个叙事者能适时闯入通信人物的隐私空间，他既可压制书信人物过度泛滥的情感的可能误导，还能利用自己侵入式观察者的权威，穿梭于故事内外，自由言说对被观察对象的伦理、道德评价。戈洛文斯基的研究主要从《名利场》产生的文化语境、书信体文学的历史以及书信叙事与全知叙事在小说中的运用等方面展开，最终得出令人信服的结论：《名利场》中的“后书信式”叙事——克制的书信叙事与侵入式全知叙事相结合的叙事模式——是对当时帝国海外殖民扩张和远程情感困境的回应。

关键词：《名利场》；后书信式；无所不知；远程亲密

1 引言

美国哈佛大学在2011年出版的《小说全集：200部最伟大的作品》（*The Complete Fiction Collection: 200 of the Greatest Works*）一书中，将《名利场》（*Vanity Fair*）列入其中；而在早些时候的2008年，彼得·博克斯奥（Peter Boxall）亦将该书收入《1001本人生必读书目》（*1001 Books You Must Read Before You Die*）。自小说出版以来，小说的影响力和评论界对该书的关注经久不衰。从文本外到文本内的研究，有的研究注重历史语境的解读，有的研究关注文本内的形式或意义，但威尔·戈洛文斯基对《名利场》的考察，旨在揭示文本内外的关联，而关键的联结点则放在与书信有关的因素。戈洛文斯基的文章从有关威廉·梅克比斯·萨克雷家信的一件小事引入，过渡到萨克雷《名利场》中书信叙事的话题。萨克雷曾在听见女儿朗读她祖母写给她的信时，被信中饱含深情的言辞打动，当即热泪盈眶，但他发现女儿眼神冷漠、毫不动容。当他后来把孩子们不在乎的反应告诉自己的母亲时，他的语气中有哀伤也有酸楚。戈洛文斯基发现，书信交际可能带来的焦虑、苦涩和反讽效果，不仅是萨克雷的亲身体验，更是萨克雷小说中常见的叙事组织手法（an organizing motif of Thackeray’s narrative style）。正如萨克雷所观察到的母亲的深情信件与孩子们无情的反应之间的鸿沟，萨克雷小说常常背离书信蕴含远距离亲密情感的原则，将书信往来描写成敷衍的甚至没有情感交互性的行为。具体到《名利场》一书，戈洛文斯基认为故事的全知叙事的成功就有赖于对书信叙事中夸张情感的压制。

当然，萨克雷对于书信叙事效果的关注，不仅仅与他的生活经历有关，也与当时早期维多利亚时代的技术、人口分布和意识形态的发展息息相关。在技术上，蒸汽机和便士邮政使得英帝国的全球性殖民移民和通邮成为可能，与更早时期的因犯罪、贫穷或宗教迫害而被迫移民不同，19 世纪的海外移民绝大多数来自中产阶级。在人口分布上，根据人口历史学家的研究成果，戈洛文斯基指出，在 19 世纪 50 年代初，大约每一个家庭有至少一名家庭成员移居海外，家信也因此成为该时期维系远距离亲密情感的标志。在意识形态方面，以私人空间和核心家庭为中心的家庭价值观日益受到重视。尤其在帝国海外扩张和海外移民不断增长的驱动下，远距离感情维系变成了整个中产阶级首要的家庭道德理想，而这种道德理想恰恰是帝国海外殖民使命的重要精神支撑。在许多诸如查尔斯·狄更斯（Charles Dickens）等维多利亚小说家的笔下，书信叙事常用于表达此种远距离感情和家庭生活理想——它们使得远隔千万里的亲人、朋友能够享受想象中的围炉而坐的家庭温暖。但萨克雷对此却有不同的声音。戈洛文斯基在重新审视《名利场》的书信叙事之后，发现萨克雷用不带感情的全知叙事模式来组织故事中的书信叙事，从而对书信能够带来的远程亲密和家庭生活理想进行揶揄和嘲讽。

与奥德利·杰夫（Audrey Jaffe）、乔治·列文（George Levine）等的相关研究一致，戈洛文斯基认同《名利场》故事开端的书信体预期很快被非感性的全知叙事抑制，其原因有二：一则因为以书信叙事为主导的小说（novel-in-letters）的衰落；二则由于"无所不知的小说家"（the omniscience of the novelist）的概念的出现，即叙述者对诸如书信往来中人物所呈现的夸张情感保持着理性距离。但戈洛文斯基还进一步发现，对于维多利亚小说中的情感超然的全知叙事者与帝国的远程情感维系的关系方面，过往研究比较欠缺。因而，他从历史和文学发展的角度，提出了“后书信式”（post-epistolary）叙事的概念，并将《名利场》归入此类。戈洛文斯基对这个术语进行了三个层面的解释说明。首先，在社会历史的层面，后书信体启发读者关注殖民移民的具体都市意义。通过考察一种特别注重亲密关系的文化的情感效应，读者可以更好地理解写信的压力和失望的情感效果是如何帮助形成一种情感自制的帝国精神的。其次，作为一种文学历史现象，这个术语反映了从18世纪的书信体小说到19世纪全知叙事模式占主导的小说风格的转向。第三，这个术语主要用来命名一种概念化的全知叙事技巧。它一方面符合小说叙事统观全局的理想，同时又能让情感疏离的叙述者进入人物独特的交际空间——如家信往来的空间，却能避免受到人物夸张情感的影响。基于此，戈洛文斯基从传统的书信体小说到全知叙事再到“后书信式”，在各个层面上剖析了它们与帝国远程情感表达主题的关系，最后断言：“后书信式”叙事是萨克雷处理该主题表达最为恰当的叙事模式。

2 书信体小说简史

19世纪30—50年代，随着帝国殖民扩张和海外移民加剧，书信往来与远距离情感的话题愈加受到人们关注。萨克雷的主要小说创作也是在这个特殊的历史时期完成的，这个时期的文化背景不可避免地成为他小说的素材。

与18世纪被迫背井离乡的穷人、罪犯、异教徒等不同，19世纪帝国的移民主要来自自愿移出的中产阶级家庭。同时，邮政快速发展使得远离家乡的人们能够与家人保持联系。据统计，在19世纪20年代需要一年时间才能到达印度的信件，到60年代初仅需一个月时间，而且更加安全。40年代的“便士邮政”（Penny Post）甚至惠及普通工人阶级家庭。可见，远距离通信为大规模流动人口提供了维系远程亲密情感的愿景。

然而，在帝国邮政的触角伸向全球的同时，人们对信件维系亲密的能力却逐渐感到压力和失望。批评家查尔斯·兰姆（Charles Lamb）在1823年给一位朋友回信时就曾抱怨，让人生厌的大洋压制了自己的想象力，在写信时刻还算得上新闻的事件，在对方收到信时已成历史。戈洛文斯基还借用历史学家大卫·格伯（David A. Gerber）的研究成果来证实当时远程通信和情感维系的困境。格伯对英国移居到北美移民的信件进行地方性研究后，提出了为数不多的关于移民通信为何有时会中断的权威的历史描述之一：除了预期的疾病和死亡因素外，疏远、无聊和家庭冲突也是诱因。然而，这些标志着失败的远程情感表达的信件，因其可能引发的对帝国殖民扩张和海外移民事业的焦虑而避开了历史档案。那么，更真实的殖民书信的历史面貌又遗落在何处呢？戈洛文斯基认为殖民书信的历史在文学作品中有更好的体现，因为虚构的故事人物可以毫不避讳地承认对远程通信的冷漠和厌倦，却不会招致主流话语的压制或惩罚。《名利场》就是很好的例子，它展现了远程通信在情感联系上的困境。

从乔治·奥斯本（George Osborne）战死于滑铁卢战役到都宾（Dobbin）多年供职在印度，《名利场》将其遥远而疏远的感情关系放在一群如印度公务员、军官等殖民者和他们的家人朋友之间，正是这些人构成了英国帝国文化的支柱。这也为萨克雷提供了特殊的优势，他将《名利场》中常见的虚假友谊和不忠描绘成帝国远程情感的副产品。对于小说中的帝国家族来说，亲属关系是一件棘手而尴尬的事情，与其说是自然发生的情感，不如说只是人物的一种心理预期。譬如，贝基（Becky）虚情假意赞美爱米莉亚（Amelia）的家族亲情时，爱米莉亚的回应却带着失望和嘲讽：

> 爱米莉亚笑了起来。
>
> “怎么？！难道你不爱他［爱米莉亚的哥哥约瑟］？你不是说你爱所有的人吗？”
>
> “是的，我当然爱他，不过……”
>
> “不过什么？”

> “不过约瑟看来并不怎么在乎我是不是爱他。他在离家十年之后回来的时候，只伸出两个手指头让我握一下。他人不坏，心地很善良，可他几乎不跟我说话。依我看，他爱他的烟斗远远胜过爱他的——”但爱米莉亚遽然住口，发现自己不该这样说她兄长的坏话。“我小时候他对我挺好的，”她补了一句：“他出国时我才五岁。”[①]

显然，爱米莉亚反常的嘲讽消解了贝基的假意奉承。在整个故事中，萨克雷似乎一直有意让人物对亲情的表白和冷嘲热讽交替出现。在故事开篇时，爱米莉亚与同学说再见时，发现自己不知该笑还是该哭，一方面她是平克顿女子学校（Pinkerton's Academy for Young Ladies）最受欢迎的人，收获了最多的友谊，然而她并不十分确定这份情谊的长久性，也许她朦胧地预见到，这份情感将在远程通信的各种障碍中变味和疏远。

除了远程通信的实际功能与人们的预期不尽相符，戈洛文斯基还注意到批评家玛丽·法弗雷（Mary Favret）提出的另一个导致书信体叙事衰落的文化因素——即法国大革命之后审查制度的影响和邮政系统的迅猛发展，但他不能接受玛丽将文学作品中书信体叙事的衰落全归咎于审查制度与邮政系统的合谋。因为在《名利场》中，通信和信件阅读常常出现在贝基、爱米莉亚、乔治（George）、约瑟（Joseph）等人物之间。甚至贝基在克劳利庄园（Queen's Crawley）让孩子们读的“轻文学”（light literature），主要就包括如伏尔泰（Voltaire）、克雷必伦（Crebillon）、托比亚斯·斯摩莱特（Tobias Smollett）等作家的书信体或准书信体作品。戈洛文斯基认为，利用这些有限的书信叙事，萨克雷不仅表达了对帝国扩张和殖民移民的实际通信需求的关注，而且也隐含着他回应另一关联困境的努力，即如何应对书信作为强烈情感载体和其失败的远程情感表达之间的张力。

---

① 本文有关《名利场》引文均出自2003企鹅经典版，译文参考上海译文出版社荣如德译本。文中其他处引文只标注作者和页码，不再单独做注。

3 感情主义（sentimentalism）与冷漠疏离的悖论

戈洛文斯基在这部分讨论围绕《名利场》内外所存在的感情主义与谨慎、克制甚至有些冷漠的情感之间的大胆对比。这种悖论似的对照随处可见：评论家们对萨克雷的情感投入问题各执一词；而萨克雷本人似乎对远程亲密也抱持不安的矛盾态度；此外，叙述者与预期读者、人物与人物之间等，都投射出热烈与超然的紧张关系。

在对萨克雷叙事风格的回应中，戈洛文斯基发现主要有两种不同的声音。这两种观点都基于对同一个场景的分析——当都宾少校从印度回来时，他和爱米莉亚互相打招呼，萨克雷问：为什么都宾不说话？对此场景，第一种解读以亨利·詹姆斯（Henry James）和他的助手珀西·卢伯克 (Percy Lubbock) 为代表，也是大多数萨克雷的评论家们所持的观点。他们认为萨克雷的风格体现了一种轻率的纪律松懈，以致造成叙述者无可避免地离题或干涉，这种行为不是源于叙述者的冷静自制，而是对情节过度投入。另一种更少数人的声音以 C. L. R. 詹姆斯（C. L. R. James）为代表，他非常欣赏克制的叙述者对贵族和上层人士的嘲弄和讽刺。对他来说，萨克雷的讽刺干预是一种重要的、隐藏着深刻意义的手段。事实上，卢伯克引用此场景，是为了证明萨克雷叙事规范松懈或无法抑制情感投入的证据，但詹姆斯对萨克雷的回忆表明，帝国文化的自我疏离在外围与帝国统治和殖民计划联系在一起，而殖民者那坚硬和冷峻的特质，也必然在帝国文化的自我疏离的叙事风格中得到相应表达。戈洛文斯基注意到，詹姆斯的解读，不仅适用于理解都宾上校那隐忍自制的特质，萨克雷的都市叙述者也体现出惊人相似的英国人的沉默和自律的特质。接着，戈洛文斯基提醒评论家们重视殖民主义的“回镖效应”是如何远远超越殖民经历而影响维多利亚时代叙事风格的。显然，戈洛文斯基与 C. L. R. 詹姆斯站在了一起：超然的叙述者的叙事风格在外围与殖民统治霸业息息相关。

然而，詹姆斯并不是唯一一个在萨克雷的所谓“漫无伦次的”

（rambling）讽刺作品中发现自律倾向的读者，这样的读者也正是萨克自己的预期读者。

在1848年小说连载接近尾声时，萨克雷添加了“幕启之前”(Before the Curtain) 这一开场白。其中，萨克雷想象有这样一位观看他《名利场》木偶戏的观众（也是读小说的读者）：他善于思考，在见过那些放荡和堕落的场景后，陷入了一种自相矛盾的平静，“【他】总的印象是忧思多于欢乐。当回到家，【他】坐下来，在冷静、沉思、悲悯的心态下读自己的书或做自己的事”（Thackeray, 2003: 1）。在戈洛文斯基看来，萨克雷所想象的观者对《名利场》的矛盾态度，也一定程度反映了萨克雷本人在呈现相关主题时的矛盾态度：亲密情感表达是他统筹人物广阔空间背景的有力手段；另一方面现实的情感冷淡与情感主义的预期却常常背道而驰。

事实上，萨克雷在第一章还假想了另一个预期读者对《名利场》的反应。某个叫琼斯（Jones）的人在俱乐部里读了《名利场》，对爱米莉亚情绪夸张地离开平克顿女子学校颇为反感。在这里，琼斯的形象没有“幕启之前”中那位观众态度温和。萨克雷想象着琼斯嘲笑爱米莉亚和朋友们道别时的神情，并借此机会警告琼斯不要在生活和小说中寻找“伟人和英雄”(Thackeray, 2003: 7)。然而，如果琼斯代表了一个不那么理想的读者，他对“琐碎、废话”的情感主义的过敏，使他与那位善于思考的观众非常接近。这些读者 \ 观众，因对情感主义和情景剧的厌恶团结在了一起——他们渴望克制、安静和具有男子气概的场景。

琼斯对爱米莉亚的告别时的反应正是源于他在场景中感知到的过于天真的多愁善感。他知道，与老同学通信的乐观承诺将不可避免地破灭，一度神圣不可侵犯的亲密关系将被遗忘。他不像那些善于思考的观众，对这些无聊的承诺既不感动，也不觉有趣。也许，除了世俗对远程亲密关系的怀疑之外，琼斯对情感的漠视表明了一种对情感主义本身的性别不适，他更倾向于一种与极端感情绝缘的阅读体验。但是，在萨克雷的作品中，遥远的亲密关系的夸张效果并不只局限于女性或柔弱的男性。相反，《名利场》把女性情感主义作为一种更普遍的、夸大的遥远亲密状态的象征，从而记录一种冷漠、反女性情感主义的精神如何成为一种男性气概和帝国理想的标志的。

萨克雷想象中的观者对自己作品的反应还表明，远程亲密和离别的场景是非常痛苦的主题。琼斯式的反感生动地揭示了分离的前景或远程情感关系的持续时间将如何扭曲人际关系。爱米莉亚答应每周给她写十四封信，但她天真的真诚却将遇到各种各样的障碍：

> "给我的信你可以寄到我外公那儿，写德克斯特伯爵（Lord Dexter）收，"索尔泰尔小姐（Miss Saltire）说（附带提一下，她这人很会打小算盘）。"别舍不得邮资，我亲爱的宝贝，你得每天写信，"鬈发像羊毛的斯沃尔茨小姐说，她很重感情，容易冲动，但手面极阔。"爱米莉亚，我给你写信的时候，就叫你妈妈，"孤儿劳拉·马丁拉住好朋友的手，依依不舍地抬头瞧着她说（她还刚学会写字母之间不相连的圆体正楷）。（Thackeray, 2003: 7）

与此同时，圣基茨财主斯沃尔茨小姐的克里奥尔语背景也许代表了萨克雷对种族主义的评论，斯沃尔茨小姐差不多等同于"推"和"拉"两种力量的英国移民趋势——前者表示在这一代送一个家庭成员跨越半个世界去到海外，后者表示在下一代把他们的混血孩子送回大都市接受教育和联姻。因此，斯沃尔茨小姐渴望与爱米莉亚保持联系，这表明一种遥远的、种族化的联系，同时也是英国殖民家庭力图漠视或摈弃的联系。

总之，爱米莉亚与失去母亲的孩子、社会地位低下的贵族以及殖民地女继承人之间的通信暗示了更高的情感期望和社会现实的紧张关系，这也使得帝国不同空间之间的亲密关系变得紧张。显然，琼斯对这些幼稚承诺的厌恶不仅针对爱米莉亚在学校的友谊，也针对《名利场》的核心关系。贝基是平克顿女子学校的一名半教半读的学生，在离开学校时，被推荐去皮特·克劳利爵士（Sir Pitt Crawley）家做家庭教师。她和爱米莉亚一起离开学校，住在塞德利家（Sedley）罗素广场（Russell

Square）的家中，然后去克劳利爵士家任职。这次访问包括了前六章，贝基被介绍给了塞德利和奥斯本（Osborne）两家，加深了爱米莉亚和贝基之间充满讽刺意味的亲密关系，“她们像姐妹一样相爱。年轻的未婚女孩总是这样，只要她们在同一个房子里待上十天”(Thackeray, 2003: 25)。尽管由于乔治·奥斯本的干涉，她们没能成为姑嫂，但这对昔日的同学还是建立了一种便利的友谊，贝基陪着心胸坦诚的爱米莉亚，而爱米莉亚反过来为贝基提供上流社会的关系和来自父亲的金钱。在罗素广场的十天为小说提供了情节动力。自此，小说从两个情节展开，同时又彼此交织。一个主要围绕贝基和克劳利一家；另一个主要讲述爱米莉亚、奥斯本一家和都宾。在提到罗素广场上这对同学的告别时，萨克雷突然闯入并解释道，“我打算为这个场景遮掩一下”（Thackeray, 2003: 53）。这个突兀的解释无非是唤起读者对期望与现实之间悖谬的关注。因为在这个场景中，爱米莉亚的感情是认真的，而贝基则是完美的演员，虽然她“发誓会永远永远爱她的朋友”（Thackeray, 2003: 53）。

4 全知叙事对书信叙事的干预和侵入

在这部分的论述中，戈洛文斯基将《名利场》中的书信体实验作为情感表达的个案，探究其与全知叙事策略之间的微妙关系。这两者之间的组织构架也是戈洛文斯基在引言部分界定的“后书信式”的范畴。首先，戈洛文斯基认为，人物之间分离却发誓要维持永恒友谊的誓言，为书信体叙事引入必要的驱力。《名利场》的第13章几乎以书信体覆盖全部叙述内容。这一章充斥着不敬的妙语，贝基的讽刺声音甚至比叙述者更为刻薄，尽管二者显然带着同样的风格。但是，在复制了贝基的信之后，叙述者进行了一次臭名昭著的闯入。“【他】从站台上走下来”（Thackeray, 2003: 70），让读者相信贝基的笑话是她自己的，而不是他的。

柏拉图（Plato）在描述不光彩的行为或角色时，更喜欢使用疏远的第三人称，而不是戏剧性的模仿。萨克雷发现，他对书信体的过度使用可能会危及他想勾勒的道德界限。因此，他在书信体叙事可能偏离冷静的道德观察之前，又会恢复到第三人称全知模式的轨道。

此外，戈洛文斯基还提出了另一种可能的解释：简单地说，在处理远程亲密情感的主题时，书信体小说是一种对萨克雷不再适用的方式。书信体小说是一种以遥远的关系为基础的小说形式，它的妙处在于，通过阅读，地理距离是可以缩小的。因为我们读者可以沉浸在书信体小说的世界中——帕梅拉（Pamela）、维特（Werther）或奥利维亚·费尔菲尔德（Olivia Fairfield）的书信展示了过度亲密的思想、经历和情感——同样，小说的收信人与他们遥远的通信者保持着完美的熟悉。这与萨克雷想要揭示的书信情感与现实虚假、疏远的人物情感之间的悖论正好相反。例如，对从克劳利家寄出的贝基的信，频繁指向贝基诡计多端的天性，并充分证明了她尖刻的敏感，这样的通信暴露了两个主人公之间存在一定程度的理解，与《名利场》对遥远的亲密关系的模棱两可的看法并不相符。虽然叙述者声称这些信可能会让读者感到困惑，但更深层次的担忧可能在于它们让贝基的性格对爱米莉亚显得过于透明。

鉴于 19 世纪帝国扩张、海外移民和家庭生活理想的文化语境，书信作为情感表达的理想载体，书信体裁本应是处理远程亲密关系和维多利亚帝国主题的主流体裁。但萨克雷在叙述中有条不紊地颠覆了这种规范。如果说从书信体到全知叙事的转变带来了认识论上的收获，那么它的必然结果就是情感上的减少。在《名利场》中，人们关注信件的时刻，也正是叙述者自觉地展现其无所不知的时刻。叙述者发现爱米莉亚和乔治的情书在长度和感情强度上太不对称，无法复制，但还是断言：“我知道爱米莉亚把她收到的书信藏在哪儿，我能像依阿基莫（Iakimo）一像依阿基莫那样！不，这是一个不光彩的角色。我只仿效月光无伤大雅地窥视这位忠诚、美丽、纯洁的姑娘进入梦乡的卧榻。”（Thackeray，2003：101）。在这里，对全知叙事者的自嘲缓和了他对人物隐私毫无节制的侵犯，也因此缓和了全知所暗示的对爱米莉亚信件隐私的粗暴干涉。

这就有利于叙述者在适当时候对乔治和爱米莉亚的信件进行一种居高临下的分析，同时避开他们的任何特定词语。例如：乔治的情书简短、敷衍，他甚至用爱米莉亚的情书来点燃他的雪茄；相反，爱米莉亚的信完全体现了她热烈的心境，“她不但把一大张一大张的信纸都写得满满的，而且有的时候闹起刁钻古怪的脾气来，把写好的句子重新划掉。她不顾看信的人，把整页的诗句抄下来。在有些句子底下，她发狠地画了一条条线加重语气”（102）。显然，叙述者这里月光般窥视的力量来自对爱米莉亚和乔治信件的概括和汇总，其中实际的情感已经被抹去，只留下冷冰冰的书信元数据，包括长度、引用、下划线和错误的语法等。

这个“月光”的比喻与萨克雷著名的叙述者的无所不知总是相伴而行。当克劳利向他孩子的女家庭教师贝基求婚时，引发了贝基不寻常的情感表现，因为她不得不承认自己已经结婚。“丽贝卡（Rebecca）惊恐万状地往后退。在这段历史中，我们从来没有见过她失去镇定；但是她现在却失去了镇定，流下了她眼中最真诚的眼泪”（Thackeray，2003：129）。

然而，在接下来的叙述中，叙述者引用了他的月光隐喻来揭示贝基流泪的原因：

> 在前几页上，作者还仗着他的特权，曾经偷看爱米莉亚·赛德利小姐闺房里的情形，而且显出小说家无所不知的神通，体味了那温柔纯洁的姑娘在床上辗转反侧的时候，心上有多少的痴情和痛苦。既然这样，他现在为什么不做丽贝卡的红颜知己，不去刺探她的秘密，掌管开启她良心的钥匙呢？
>
> 好吧，首先，丽贝卡惋惜这么出奇的好运气就在眼前而干瞧着不能到手，真是打心里悔恨，叫旁人看着也觉得不忍。（Thackeray，2003：135）

戈洛文斯基解释道，这种爱米莉亚书信式的情感中所表现出的无所不知，又一次被用来消解贝基所谓“真实”情感掩盖下的虚情假意。叙述者变成了“掌印者”（seal-keeper）——这是一个与书信体产生共鸣的头衔——他能够洞悉并证明人物的品格。滑铁卢战役之后，“无所不知的小说家”再次明确地将信件与无所不知联系在一起，“无所不知的小说家”透露，都宾送给他富有的姑姑作为英勇象征的战争纪念品，实际上是贝基“花了几法郎”买的纪念品（Thackeray，2003：295）。

诚然，在《名利场》中，写信或阅读的场景有时会产生强烈的叙事效果，但在这些段落中，激烈的情感往往被读者意识到的情感不真实所颠覆。滑铁卢战役之后，当奥斯本先生收到他儿子在战役当天早晨写的最后一封信时，叙述者长吁短叹“详述那些对逝去的感情的激烈抗议是多么令人沮丧的哀悼”（Thackeray，2003：317）。然而，当叙述者描述它的内容时，我们得知乔治自己“太骄傲了，以至于不承认他内心的温柔。……他的英国习惯，傲慢，也许是笨拙，使他说不出更多的话”（Thackeray，2003：318）。

乔治染上了詹姆斯所观察到的那种沉默和自律的气质，写了一封极端冷淡的信。奥斯本读完信后，“带着最苦涩的情感受挫和不能报复的痛苦，把它扔掉了。他的儿子仍然是他深爱但不可饶恕的人。”（Thackeray，2003：318）。带着怒气的父亲和死去的儿子否认了他们对彼此的爱，这为小说通常的书信动态提供了一个反例：在这里，男人之间的信说出的比内心感受的少。然而，萨克雷也让我们质疑，究竟是什么激发了乔治的“温柔”。当他封上信时，他想起了“他是如何抛弃了那位慷慨的父亲，以及那位严厉的老人对他的千般仁慈”（Thackeray，2003：260）。但小说告诉我们，这种叙述是错误的。奥斯本先生在物质上慷慨大方，但在感情上却明显吝啬，只有在即将到来的战争的死亡威胁和永久分离下，他才能用一种夸张的、不同寻常的“温柔”来代替残酷的记忆。

5 萨克雷的“后书信式”叙事的功能

戈洛文斯基在此部分回应了为什么这种讽刺性的、情感扁平化的叙事风格有助于缓和维多利亚时代中期帝国的远程情感困境？其他的叙事形式，如浪漫和哥特式叙事、情感小说和一些移民殖民小说等，常以高度情感宣泄的叙事方式处理这个主题。然而，现实主义小说对遥远的亲密关系采取了一种冷静疏离的叙事态度。戈洛文斯基认为，这一时期的现实主义小说体现了维多利亚都市人如何处理他们所面临的一个关键的社会情感问题，即如何去感受那些不在场、但通过书信形式出现的人。直到《名利场》接近尾声，萨克雷才对距离和冷静叙事交叉做出了一般性的解释，这一解释围绕塞德利家族展开。

塞德利家的毁灭从头到尾就是一个帝国传奇的缩影——正如叙述者所说的那样，“紧紧抓住了历史的边缘”(Thackeray, 2003:153)。塞德利先生的财产与全球航运和欧洲资本紧紧联结在一起，但在拿破仑从厄尔巴岛流放归来后，家境一落千丈。此后，塞德利一家靠约瑟在印度的财产和都宾寄给爱米莉亚的汇款维持生活（都宾还让爱米莉亚相信那是乔治的遗产）。滑铁卢战争十年后，约瑟和都宾终于从印度回来。当时都宾从他姐姐的信中听到了爱米莉亚即将结婚的假消息，同时爱米莉亚也听到了关于都宾的类似的假消息。因而，都宾把他对爱米莉亚的爱情表白又推迟了一段时间，他只是宣布爱米莉亚的哥哥——约瑟即将返家的消息。于是，叙事的焦点由浪漫的爱情、婚姻转向了家庭感情。当约瑟最终带着一个印度佣人回来的时候，叙述者像往常一样声称要对这家人会面的场景关上门，但同时又给读者一个全知而详尽的叙述：

> 我熟练地关上了门，把里面约瑟和他年老的父亲和可怜的温柔的小妹妹怎么见面的情形，略过不谈了。老头儿非常感动；他的女儿当然也非常感动；约瑟呢，也不是无情的人。他离家十年，在这

> 么长的一段时期之中，哪怕最自私的人也会想到老家和小时候的亲人。路程越隔得远，老家和亲人越显得神圣。过去的赏心乐事在长期的回忆当中更添了情趣，更令人向往。约瑟从前虽然对于父亲不满意，不过现在能够重新和他见面，和他拉手，倒是觉得出于衷心的喜欢。他记得小妹妹一向容貌俊俏，满面笑容，现在重逢，自然也是高兴的。瞧着父亲年纪大了，而且给伤心不幸的遭遇磨折得老态龙钟，他心里又觉得凄惨。……看来重逢以后大家很满意。等到约瑟重新坐了马车上旅馆之后，爱米很温柔地搂着父亲，得意地说她早就夸过哥哥心肠好。（Thackeray, 2003: 530）

在这个无关紧要的场景中，萨克雷将远程感情关系——那种过分煽情却又令人尴尬的感觉——与《名利场》故事开端时的亲情和友情记忆联系起来：贝基和爱米莉亚在平克顿女子学校的友谊，以及都宾、乔治和约瑟在神学院里建立起来的友谊。戈洛文斯基发现，这些纽带以一种扭曲和修正机会主义的状态存在于记忆中。例如，约瑟从不为妹妹操心，滑铁卢战役前他最后一次见到她时，她根本没有“笑”，而是在为乔治公然对贝基有意思而感到苦恼。面对塞德利夫妇过于成熟的情感，这位谨慎而又无所不知的叙述者降低了自己的叙述情感热度。他将自己限制在对人物性格的一般描述上，避免了场景叙述所带来的情感上的放纵。此外，由于真情和被压抑的虚伪不可思议地混合在一起，叙述者将它们奇妙地浓缩到“毫无感情的高兴”（unaffectedly glad）这一短语中。在戈洛文斯基看来，正是这种奇怪的重聚场景促使叙述者冒险挑衅当时理想的远程亲密观，即正是那充满悖论的“距离”（如写信人不在场、却以书信出现），“神圣化”了维多利亚中期家庭理想中夸张的“魅力和甜蜜”。

戈洛文斯基还从《名利场》的连载出版史中找到了相应的证据。他认为连载出版的形式帮助强调了约瑟的长期缺席，从而有利于在时间和距离上帮助塞德利家族最终和解。在1848年1月第63章出版时，读者历经了自滑铁卢章节后几乎四个月，才得以重新见到约瑟和都宾。叙述者称他们为“我们勇敢的朋友”，当时他们驻扎在远在印度的马德拉斯（Madras）。在之前的第59章，都宾得知爱米莉亚要结婚的消息，赶忙回了英国。此后的三个月里，读者们再也没有听到关于他和约瑟的任何消息，直到塞德利夫妇在四月重逢。戈洛文斯基暗示，这样的时间和空间距离的设定，符合人们对发生远程亲密的期待。萨克雷肯定也意识到，离别不是亲密关系的死亡，它也有鼓动人心的成分。但是，毕竟真实境况与理想预期之间存在背离，所以萨克雷需要自己的全知叙事者在两者之间穿梭和调和。虽然萨克雷的分析可能显得有些反社会主流情绪，但他只是将对维多利亚时代的主流情绪的分析引申到更合乎逻辑的结论上：当家庭支离破碎或即将分手时，家庭情感很少会紧密到神圣不可侵犯。对于一个全知叙述者来说，本土与殖民地的遥远距离让家庭亲密的感觉成为可能。当人物被孤立在一个殖民点，置身他乡的土地，信件是他的媒介，通过它，叙述者可能会说，人物的家庭理想最终成为现实。但《名利场》的叙述者重新考虑了这种帝国的情感叙事，这也是萨克雷最重要的贡献之一。他一方面关注书信中的情感表达，另一方面从疏离的情感上摆脱了绝对的无所不知。维多利亚时代的中产阶级的家庭意识是建立在非家庭的意识形态的辩证压力之上的，对当代的评论家来说，这是一个熟悉的说法。自20世纪80年代以来，考文垂·帕特莫（Coventry Patmore）、凯伦·蔡斯（Karen Chase）和迪尔德丽·大卫（Deirdre David）等女权主义和马克思主义历史学家和文学评论家们一直在研究，维多利亚时代的具有私密空间和亲密情感的家庭理想是如何与资本主义生产新体制合谋的。迪尔德丽·大卫就曾探索过维多利亚时代的小说家们是如何通过盗用文化上的女性形象，来缓解人们对商业殖民主义可能削弱英国文化身份的普遍担忧的。

总的来说，当这些评论家和文学家在评估大英帝国与其家庭理想之间的关系时，他们关注的是英国家庭生活的自我满足、其规范的欲望以及新教的工作伦理，从而为殖民和传教工作提供理由和模板，当然，这一过程也包括对主流规范的复制和重塑。但萨克雷关注的重点是这个命题的前提中的关键词——家庭理想，他用书信体和克制的全知叙事的奇怪结合来表达家庭理想中“距离”与远程情感两个因素之间扭曲的张力。

6 结论与简评

通过对《名利场》特殊的叙事模式和其产生的历史文化语境的结合分析，戈洛文斯基发现，《名利场》为研究维多利亚时代帝国的家庭生活和历史增加了两个关键元素。首先，萨克雷对家庭生活的意识形态生产进行了辩证的描述。在这种描述中，正是英国家庭在全球范围内的分散促成了统一整体的国家幻想。萨克雷并没有将理想化的家庭生活解释为一种已经完成的并可用于英国帝国扩张的可复制的文化资源。相反，他展示了这种理想是如何从似乎是其诅咒的解体中浮现出来的，它更像是一种夸大的、修正的、补偿性的文化效应。

其次，通过将这种夸张的远程情感理想与书信和全知叙事联系起来，萨克雷构建了一种“后书信式”的特殊叙事模式。其中，叙述者对书信内容及其情感表达无所不知。但戈洛文斯基强调，萨克雷的叙事者与那些完全退隐故事之外的全知叙事者以及完全的第一人称视角的书信叙事者有明显区别。在需要读者去体会人物对远距离亲密的感受时，叙述以第一人称叙述视角的书信为主，引领读者沉浸于人物的情绪之中。但是，萨克雷不允许读者无限制地沉迷其中，他担心读者的过度沉迷会扭曲他们的道德判断。所以，第一人称叙述视角的书信常常被全知的评论性的冷嘲热讽终结。同时，这个全知叙事者与 19 世纪许多现实主义作品中的全知叙事者也不尽相同：他并没有不着痕迹地退隐故事之外，或如戴维・洛奇（David Lodge）所观察到的，“人物通过自己的语言来揭露、背叛或谴责自己，而叙述者则保持一种冷淡的超然的态度，避免道德评论或心理分析”（Lodge, 1992:170）。相反，萨克雷的叙述者是站在富于自己个性的门槛上，明确而冷静地宣告自己的偏好或厌恶态度。

戈洛文斯基的解读方法在至少两个方面为我们阅读文本提供了宝贵的借鉴：首先，在文本外部研究和内部研究各领风骚的批评史中，戈洛文斯基将文本的外部研究和内部研究有机地融合起来。他洞悉到《名利场》的叙事风格与文化语境的必然关联，更发现了其与特定主题表达之间的本质联系。其次，他用熟悉的素材，创造出属于自己的陌生化的批评话语。小说中包含书信叙事和全知叙事，这早已是大家见惯不惊的现象。而对于书信体和全知叙事，相信接触到文学批评领域的人也都耳熟能详，但戈洛文斯基能够发现《名利场》中这两者之间的张力，并将两者结合起来研究，赋予它们新的生命，提出一个陌生化的"后书信式"概念。

当然，在"后书信式"这个概念上，戈洛文斯基还可以在其内涵上提供更加明确的界定。他在引言部分的解释似乎以书信体流行和衰落的时间节点为基准，暗示"后书信体"指向的是书信体叙事不再占主导的文学时代。但在后面的文本分析中，这个概念主要指书信叙事被全知叙事缓和、中断或消解的一种叙事模式。另外，对于这个时不时侵入故事的全知叙事者，戈洛文斯基的确阐明了他作为道德评价者和重置读者与人物之间距离等的作用，但戈洛文斯基同时也指出这是一个有自己个性的全知者，那么这个时时压制书信情感、呼唤读者保持距离和冷静的叙述者，是不是一个可靠的叙述者呢？因为这关系到读者该如何接受叙述者的价值判断的问题。戈洛文斯基在前文中也曾暗示：叙述者所拥有的疏离、克制、隐忍的特质，与维多利亚时代反情感主义的男子气概相符。或许，戈洛文斯基可以更进一步明确这个有个性的侵入式的全知叙事者的可靠性，从而加强他将叙事技巧与主题意义相结合进行解读的逻辑依据，毕竟这个叙事者传达的是作者对书信维系远程情感理想的明显的反讽立场。

参考文献

[1] Booth, Wayne. *The Rhetoric of Fiction*[M]. Chicago: University of Chicago Press, 1983.

[2] Boxall, Peter. *1001 Books You Must Read Before You Die* [M]. London: Cassell, 2008.

[3] Eliot, Charles and Christopher Hong (eds.). *The Complete Fiction Collection: 200 of the Greatest Works* [C]. Boston: Harvard University Press, 2011.

[4] Glovinsky, Will. Unfeeling omniscience: empire and distant intimacy in *Vanity Fair*. *ELH* [J], 2020, 87 (1): 91–120.

[5] Lodge, David. *The Art of Fiction* [M]. New York: Viking Penguin (a division of Penguin), 1992.

[6] Strunk, William Jr.. *The Elements of Style (Revised)* [M]. Boston: Harvard University Press, 2011.

[7] Thackeray, William Makepeace. *Vanity Fair* [M]. London: Penguin, 2003.

[8] 威廉·梅克比斯·萨克雷，《名利场》[M]，荣如德译，上海：上海译文出版社，2007。

悖论的散漫

——《柯尔律治的散漫》[①]一文述评

（山西大学 外国语学院，太原 030000） 王榕

摘要：在《柯尔律治的散漫》中，斯摩司·佩里（Seamus Perry）探讨柯尔律治预言家性质的诗学以及1817年版的《神叶诗灵》（*Sibylline Leaves*）将柯尔律治“散漫的”思考习惯与写作习惯物化的方式（Perry，2020：26）。佩里将柯尔律治的诗人身份与预言家相联系，称其为“自身档案的保管者”，其作品集看起来并不是精心收集的集子：与同时代的其他作家自我经典化的标准不同，他的作品集更像是临时拼凑起来的。这种散漫的作品集是预言式的文本游戏，像是散落的树叶。“散漫”内含三种属性：1. 与目的性之间具有明显的张力，能够相互转化；2. 是柯尔律治想象力的来源；3. 是柯尔律治与华兹华斯《序曲》（*The Prelude*）交战的产物。结论是无论柯尔律治对“散漫”的态度如何悖论，他都通过“散漫”找到了“柯尔律治式的幸福”（Perry，2020：34）。

关键词：散漫；《神叶诗灵》；《文学传记》；目的性；华兹华斯

---

① Perry, Seamus. Coleridge’s desultoriness. *Studies in Romanticism*, 2020, 59(1): 15-34.

1 引言："散漫"的性情与写作方式

柯尔律治用"散漫"（desultory）来形容自己的性情和写作方式。他称早期的玄学诗《宗教沉思》（"Religious musing"）承载了自己"所有的诗学光彩"，同时在副标题中称其为"一首散漫的诗，写作于1794年圣诞夜前夕。"（*Poems on Various Subjects*, 1796:139）[①] 既然这首诗歌充斥着不和谐性、不规律性以及目的的不确定性，这些特性可被归结为一个特性，就是"散漫"性，那么柯尔律治对这一"散漫"的诗歌寄予如此高的期许就显得较为突兀。

佩里追溯"散漫"的含义及其与柯尔律治的联系。塞缪尔·约翰逊（Samuel Johnson）在《英语大辞典》（*A Dictionary of the English Language*）中将"散漫"定义为"在事物间游移，具有不确定性、无秩序性和非连贯性"。《牛津英语大辞典》（*Oxford English Dictionary*）中引用伯内特主教（Bishop Burnet）的话："每个人都该避免这种散漫的轻率所带来的污名。"柯尔律治钦佩伯内特主教，更重要的是他痛苦地认识到自身很多行为是对"散漫"的具体化，因此他必定对这个词传递出的道德缺陷有充分的认识。从剑桥大学辍学、从军队逃走，柯尔律治将自己形容为"意志力正直但薄弱，精力充沛但散漫"，这些特质不仅体现在生活中，也体现在写作风格上："原谅我散漫的风格和难以辨认的笔记"（*Letters*，I：74，I：398）。

散漫是软弱的表现，无法调整自己的状态，从而导致自我毁灭：在与华兹华斯决裂后，柯尔律治将自己长期以来与华兹华斯共同的事业与自己"对一切事物倦怠而散漫"的文学旨趣相对比。因此，与华兹华斯将《迈克尔》（"Michael"）称为"田园诗"相比，将"散漫诗"作为

① 文中涉及1796年出版的柯尔律治文集，包括书信、笔记、诗歌等多卷作品，因此这一文集的文内注直接采用作品名称加页码的方式，显得更为清晰。

一种临时的文体本质上是一种温和的挑衅行为，来自并成熟于柯尔律治1796年的诗集《各种题材的诗》（*Poems on Various Subjects*）。“散漫”摘选自威廉·莱尔·鲍斯（William Lisle Bowles）的诗《写作于马特洛克的挽歌》（“Monody，written at matlock”），柯尔律治将其应用于诗集的中间部分——《流溢》（“Effusion”）：“那被任意的幻想所启示的内容，他那虚弱的竖琴或孤寂的七弦琴，受困于散漫的双手，描绘出那对自然真实而柔缓的语调”。（*Poems on Various Subjects*：44）与鲍斯将风弦琴比作心不在焉的乐师相比，柯尔律治在《流溢》中将风弦琴蕴含的人类意识完全抽离，只作为一种单纯的乐器。

《各种题材的诗》不仅突出表现为诗歌话题的多样性，从深层来看，还执着于探讨多样化的心理状态：“在不同的时间写作出不同话题的诗歌，进而激发出不同的感受”（Preface，*Poems on Various Subjects*，v）。佩里追溯散漫于其他作家的意义。鲍斯认为屈服于散漫的幻想激发的灵感绝不是缺陷，实际上是通往一种有益而真实的生活的文学经历。持相似观点的还有威廉·库伯（William Cowper）：“世界如此多样，那专注于变化与新奇事物的散漫之人的头脑可能会被宠坏。”（Cowper，1913：140）佩里认为库伯是个坚定的道德主义者，他谴责人类的浮躁和堕落；但是《任务》（“The task”）通篇是对于分散的注意力的辩驳，字里行间所体会出的主要情感却在于突出世界的多样性本身是件好事：人的散漫，从一方面看毫无疑问很可悲，但从另一方面看，却能使人发现世界的多样性。这个观点也见于詹姆斯·汤姆森（James Thomson）。他的赞美诗《四季》（“Seasons”）是序言“春天”（“Spring”）的续集，表现“自然多样的部分”，诗人“无目的”的目的性模仿自然的创造性伟力，他的双眼自由地“游荡（wander）在这翠绿的大地，发出多样的光彩”（Thomson，1972：5）。“游荡”这个词具有典型的弥尔顿特征，与之相联系的是堕落后的错误和任性：堕落的天使们“在游荡的迷宫中迷失”，柯尔律治曾将其引用于自己形而上的思考（Coleridge，1983：I16）；但是对汤姆森及其浪漫主义后辈来说，这个词具有相反的含义，能够与自由相联系——在诗歌《养母的故事》（“The foster-mother's tale”）中，年轻人“自由地到处游荡”（第64行），或者在《这个椴树凉亭我的牢房》（“This lime-tree bower my prison”）中与被囚禁的诗人不同，朋友们“快乐地游荡”（第8行）。这种情感化的语言通常是把双刃剑：例如，柯尔律治对“懒惰”（indolent）这个词的使用借用了汤姆森的诗歌《惰性之堡》（“The castle of indolence”）中的悖论含义，这首诗对柯尔律治、华兹华斯以及后来的济慈都有十分重要的作用。汤姆森的诗歌开头是对朋友批评自己散漫性格的轻松回答，“虽然他觉得朋友们也像自己一样散漫”；但是正如其中一位朋友观察到的“这个话题应该获得更多的重视，再用一种饱含道德说教的方式呈现出来。”（Murdoch,1788:Ixxiii）散漫，或者说惰性的缺点很明显（“慵懒的休息绝不是荣誉的摇篮”）（Thomson，1972：203）；然而诗歌继续探讨懒惰带来的快乐与益处，这个观点直接影响柯尔律治——“一阵轻柔而饱含激情的狂风，轻轻地搅动心弦，进而形成一种愉悦感；就像那阵微风，吹过生机勃勃的天空，使之更加欢快。”（Thomson，1972：170）汤姆森这种交感是变化无常的。他因为懒惰而著名，甚至不愿意亲手采摘果子来吃。当但丁（Dante）的译者卡里（Cary）告诉柯尔律治这个故事时，“他认为这没什么特别的，因为自己在马耳他时总是这样。”但是卡里继续审慎地说道，“我拿不准这是不是柯尔律治对汤姆森的一种表达歉意的方式，因为他模仿汤姆森的优点，同时分享他的缺点。”（Cary，1841：vii-xiii，vi）

2　散漫性与目的性之间的张力

在《流溢》（第三十五章）（“Effusion xxxv”）的结尾，一种潜伏的道德判断得以凸显。柯尔律治交给妻子一个任务，要求她谴责自己“内心那不知悔改的”形而上学游荡，并将自己引回中规中矩的路线；但是在某种程度上这首诗歌也尝试着通过一种虔诚的手法挽回自己的中心构型：那轻快地飞过响应之弦的微风根本不具有“任意性”，而是一股“来自心灵的巨大的智性之风”——或者说这种可能性来自一种“假设性的”心理空间，哈特曼（Geoffrey Hartman）称其为“猜测的领域”内部（Hartman，1987：8）。《宗教沉思》也对一种自称的散漫提出疑问：从某种意义上讲，这首诗歌的明显职责是体现非散漫性。这首诗歌最初的论点很明确，要在展示末日的层面有所成效：“社会的现状。法国大革命。千禧年。救赎。结论”（*Poems on Various Subjects*，137）——诗歌几乎没有信奉更全面的目的论，而是向着一个完全具有目的性的方向前进，这正是末日论中一切事物的归属。一首具有明显的发展线索同时展示出散漫性的诗看起来很悖论，甚至有悖常理：正如约翰·阿克塞尔森（John Axcelson）所说，“在散漫与末日之间存在一种张力，这绝不是偶然或短暂的。”（Axcelson，2005：441）从柯尔律治的其他作品中也能推断出这种“张力”。在诗歌题目中“沉思”与散漫一同出现，具有自我贬低之感；在语法上也显示出犹豫性。《牛津英语大词典》将散漫（desultory）定义为“一段时间的沉思，或深思；记录下的思考、想法等，经常用复数形式”。多数情况下确实如此，但也并非一成不变。有时柯尔律治在写诗的过程中觉得需要用到这个词的单数形式，他写信给托马斯·普尔（Thomas Poole）：“《宗教沉思》展示出相比于《圣女贞德》（“Book of Joan of Arc”）更多的思考，但是其诗歌韵律上的丰富性无法与后者比拟：《宗教沉思》更多的是关于崇高的篇章，但这种崇高与我的《史诗碎片》（“Epic slice”）所传递出的严肃崇高的氛围有区别”（*Letters*，I：207）；但这个词更普遍地以复数形式出现，不作为“它”而是作为“它们”，因此可能更适合作为多样性的表现。柯尔律治在改写第二版诗歌时写信给自己的出版商柯尔特（Cottle）：“《宗教沉思》已经完成，你周四就能收到，我做了巨大的修改，因为我接受了你的批评”（*Letters*，I87：309）。诗歌中不少地方体现出的宗教目的与散漫背道而驰，让人觉得柯尔律治这种有意完成目的论的行为与目的相悖。例如，他一度试图解释散漫与政治投入之间的关系，描述选举人的特点，因为其在千禧年到来之际会直接为混乱的人类关系建立秩序。他们对社会采取的“完美形态”是在等待新时代到来之前长期闲散的成果：

当夏天的正午，
在一些弓形而浪漫的石头下开始褪去，
他们能感觉到海风掀起那年轻的心房，
在这盛开的时节，温和的傍晚，
用我散漫的双脚漫步
吮吸飘荡在空气中的香味，鸟群和森林
和那色彩斑斓的溪流和落日
与华丽的云彩的陪伴
多么令人狂喜的景象！接着他们向家的方向走
用悲伤的眼神看这大地，由衷地沉思道
为什么世间的悲苦如此公平。（lines 262–272，*Poems*，97）

这种自我纠缠的诗句展现出散漫的心境，同时这种心情被“色彩斑斓的溪流和落日”所转移。这些带着“散漫双脚”的真理英雄希望将柯尔律治变成英雄式的伙伴，反之亦然（Collings，1991:187）：无论哪种方式，这种为自己以及他人的散漫所辩护的努力，这种间接的激进行为，这种从散漫向目的的魔法性质的转变，从理论层面上完全不具有说服力。

3 散漫作为想象力的来源

但是散漫在写作领域的效果惊人：如果说柯尔律治的散漫是其作为千禧年信徒无所作为的原因，其却将柯尔律治变成诗人。这些看起来是弱点或缺点的散漫性、任意性或游荡性却是想象力的聚居地，是创作的基础。莱斯利·斯蒂芬（Leslie Stephen）曾说《文学传记》（*Biographia Literaria*）“自不必说，是用干草叉拼在一起的”（Stephen，1907：305）；虽然他云淡风轻地用了“自不必说”这种表达，但现在仍不确定这本书显示出的随意性实际上从多大程度上看具有目的性，或者从多大程度上显示柯尔律治没有能力掌控这种非条理性，而他在生活中也缺乏条理。惠勒（Kathleen Wheeler）尽最大努力试图证明这本书是本独立完整的著作，虽然其显示出任意性：她说这本书的编排不像其他结构散乱的散文，虽然其在阅读过程中显示出极强的不连贯性，但这是一种读者体验，是由不同的反讽建构的，一种“潜在层面的话语”整合了这本书（Wheeler，1980：155）。惠勒的解读显示出宽松的态度，原文作者表示惠勒观点的优点在于提醒我们注意这种文学层面的自我意识，这是一种游戏，严肃的游戏，产生于读者与文本之间，与此类似的还有《特利斯特姆·项狄的生平与见解》（*The Life and Opinion of Tristram Shandy*）和副标题《我的文学生命与见解的自传式描绘》（*Biographical Sketches of my Literary Life and Opinions*）。

佩里认为最能体现柯尔律治散漫的著作可能体现在《文学传记》第13章，柯尔律治爱好者可能因为对这个篇章太过熟悉而将其忽视。在思考《忽必烈汗》（*Kubla Khan*）的前言（*Poems*，228–229），也就是他想象性质的先验推理最为活跃的时候，柯尔律治被打断：他收到一封信，来自一位善意而务实的朋友，其中不乏一些中肯的建议。这位朋友告诉柯尔律治，“用如此深奥的方式处理如此深奥的话题”，他觉得一本声称是《文学传记》的书却有如此转变令人十分痛心。柯尔律治没有正面回答这个问题，而是感谢这位朋友为自己提出如此“明智的”建议，希望能在即将刊印的关于哲学问题的第二卷结尾增加“详细的简章”（*Biographia Literaria*，I：303，304），虽然他最终没有增加这部分内容。哈兹里特（Hazlitt）对此感到十分困惑：“柯尔律治压抑了关于难以理解的想象的追问，但我们认为对那200页的前言作任何评论都有失公允，因为其看起来似乎写作于那位公正的朋友反对这种追问之前”（Jackson，1970：320）；这个富有戏剧性的时间节点也标志着柯尔律治关于形而上学内容思考的转变，或者说简章内容的改变，没有必要从书中简单地删掉相关内容。柯尔律治费尽心思炫耀自己的无能，以及努力将这本书拼接完成。威尔逊（John Wilson）对此表示怀疑，认为这是一种“华丽的期许，可笑的无所作为，没有资格跻身于文学史”：

> 观众就位，大幕拉开，舞台上坐着柯尔律治教授，穿着长袍，戴着帽子和假发。仆人拿着一封信走进来；教授起身，用严肃的腔调为观众读信。信来自一位有见识的朋友；目的是卖弄自己的演讲，以一种不论是对教授还是观众来说都不礼貌的语言，但是没人能理解。他相应地鞠了一躬，大幕落下；但是最可笑的是，教授将门票钱收入囊中，那些晕头转向的观众也离开了，尽最大努力去往“幻想或想象”的领域。（Jackson，1970:348）

威尔逊的描写充满蔑视，还有一种挥之不去的疑惑感，觉得一些人侥幸逃脱；但是威尔逊不留情面地预测：惠勒为《文学传记》的辩护，表现为她认为其每个章节都在表达想象相关的观点，其实是在邀请读者运用这一观点（Wheeler，1980:128）。来信的朋友对柯尔律治用词严苛，也就是说柯尔律治对自己用词严苛，从一种复杂的自我意识的层面看，这些词语部分看来是柯尔律治引用自己的话来对抗自己：

> 我只能引用你的作品《朋友》中的诗句，你自己也引用过并运用于华兹华斯先生的作品中，只是做了细微的改动：
>
> ——这是一个关于孤儿的故事（tale），
> 没有明显的（obscure）高尚而热情的思想
> 伴着一些怪异（strange）音乐的反复吟唱！
>
> （*Biographia*，I:302）

一些用词确实发生了变化。发表在《神叶诗灵》上写给华兹华斯的诗是这样的：“这是一首关于孤儿的歌（song），一首蕴含着高尚和热情的神圣的（divine）歌，伴着自身的音乐反复吟唱！”（lines 46-48，*Poems*，439）。这里显示出柯尔律治的自我惩罚，他没有办法成为华兹华斯一样的诗人，也无法写出《序曲》那样的诗歌：柯尔律治写不出“歌”（song），只能写出这种杂糅的，牵强附会的，甚至陈旧的“故事”（tale）；没有“神圣”（divine）的特质，只有“模糊”（obscure）性；没有自身具有目的性的“自身的音乐”（their own music）来衬托思想，只有满是缺点的“奇怪的音乐”（a strange music）。他还说道：这种散漫的文学生涯不是所谓的文学生涯，这可能使多数（没有读过华兹华斯诗歌的）读者感到困惑，可能华兹华斯本人会理解。华兹华斯的文学生命，用他自己的话说，“在指引我的选择，最好的选择莫过于作一片漂浮的（wandering）云，我不能迷失自我”（Wordsworth，1805：I.17-19）；柯尔律治从很大程度上看就是那个迷失自我的人。他总是把事情弄得很糟，不论是日常生活还是文学生命，但是从他的无所作为中体现出一种才华和连贯性，这些特质来得突然，就像一阵灵感。他晚年在书信中回忆道：“我的笔从没离开过纸，除非我在蘸墨水”（*Letters*，4：728）。从华兹华斯与柯尔律治文学生命的对比中可以看出，即使是一片漂浮的（wandering）云都可以帮助华兹华斯找到方向，因此漂浮，或者说散漫本不是问题的关键；但是对于柯尔律治来说，散漫本身是使柯尔律治成为柯尔律治的本质。

4　“散漫”是与华兹华斯《序曲》的交战

《文学传记》（*Biographia Literaria*）是《神叶诗灵》的姊妹篇，是柯尔律治首次将自己的诗歌作品汇总起来作为作品的拓展部分，也可将其看作是完整作品的一部分。穆雷（Murray）建议“这部作品应该分三卷”（*Biographia Literaria*，2：287），这一建议显然是将其看作一个完整的作品，可以分为三个部分，而柯尔律治本人将其称为包含“同一个作者写作的诗集”的“自传”（“Autobiography”）（*Letters*，4：585，4：584）。《文学传记》原先作为诗集的“前言”，后拓展成为独立的卷册，柯尔律治的编辑将其分成两卷（*Biographia Literaria*，i.lv；lix）；一个朋友的来信称其为“一卷诗歌的引言”，虽然书中没有任何内容说明其是任何卷册的姊妹篇（*Biographia Literaria*，1：301，2：159）。《文学传记》是一本诗集，但是又被古怪地称为“传记”，描写“文学生命”，也无法将其称为具有“诗集”性质的类“传记”，但是其隐含的目标人物是华兹华斯。这一阶段柯尔律治的“诗集”最关注的是华兹华斯 1815 年春季出版的诗。这个诗集是华兹华斯职业生涯的里程碑，是献给乔治·博蒙特爵士（Sir George Beaumont）的一件完整的、带有标题页的杰作，还有一段冗长的崭新的前言（柯尔律治想回复这段前言，后发展成为《文学传记》）。华兹华斯野心勃勃的编排体现在目录页，表现为列出的创作时间以及最初发表的时间，这对华兹华斯自传的撰写具有原始的贡献。诗歌作品本身以非同寻常的种类进行编排，与其体现的主要心灵能力直接相关，代表作有：《关于幻想的诗》（“Poems of the fancy”）、《关于想象的诗》（“Poems of the imagination”）、《来自感情与思考的诗》（“Poems proceeding from sentiment and reflection”）等等。华兹华斯以一种极具个人风格的卖弄式的编排方式来展示自己的作品，使人觉得作品经过精心思考和深入编排。

现存的通信反映出柯尔律治原先内心有一种渴望，那就是他对华兹华斯 1815 年作品集的回复在形式上应该与其相似，即使从观点上或表面上都在与其交战：柯尔律治的抄写员摩根（Morgen）说，《文学传记》“在印刷上与华兹华斯作品的最后一版十分相似……柯尔律治早就决定以华兹华斯诗歌的前言作为自己前言的原型，”《文学传记》的编辑理性地将其描述为“近乎痴迷”（*Biographia Literaria*，I：li，1）。在写作过程中柯尔律治反倒不被此想法束缚——他随后告诉自己的编辑：“我不在乎作品的体量和风格，”（*Letters*，4：585）——但是华兹华斯的影响仍然遍布整本书，除了印刷上，还有编排上：《神叶诗灵》在页面编排和每页的行数都与华兹华斯非常相似。正如梅斯（J.C.C. Mays）评论说：“问题是《神叶诗灵》中的诗集究竟是否受到华兹华斯精心分类的诗歌的影响，甚至是负面影响”（Mays，1993：I，1249nio）。原文作者认为，华兹华斯对柯尔律治的影响确实是负面的。相对于华兹华斯的编排，柯尔律治的编排理念几乎毫无野心，如《由政治事件或其关联的心境引发的诗歌》（“Poems occasioned by political events or feelings connected with them”）、《情诗》（“Love-poems”）、《无韵体冥想诗》（“Meditative poems in blank verse”）、《颂歌和混杂诗》（“Odes and miscellaneous poems”）。华兹华斯的诗以对自己事业的总结为主题：整理诗歌其实是整理自己的一种方式；他在后继的版本中坚持自己的分类，就像发现了自己职业生涯的奥秘。相比之下，柯尔律治的作品言说自己的犹豫、即兴创作和未完成的作品。他的文学生命以一种不完美的方式临时拼凑在一起，好像随时都能以一种完全不同的更好的方式重新组合。

《神叶诗灵》这个题目本身就是柯尔律治对自身散漫习惯的一种自白，也说明其是自身档案的保管者。前言的第一句话这样说：“这个诗集被命名为《神叶诗灵》；暗示了一种碎片化并被广泛播撒的状态，这也是这本诗集长期以来费力要保持的状态”（*Sibylline Leaves*，i）。柯尔律治这种不重视的态度并不是装腔作势，而是出于一定的原因：他不得不向博蒙特夫人（Lady Beaumont）写信要一份自己诗歌的副本交给华兹华斯，因为他自己手头上没有保留，诗歌名称是《致绅士》（“To a gentleman”）（*Letters*，4：564）。通过埃涅阿斯（Aeneas）之口，女巫西比尔（Sibyl）告诉我们：语言最初都以连贯的方式排列，只有被风打乱时才发生顺序错乱，“在那以后，西比尔不再费尽心思抓住它们，而是任由它们在山洞中飘动，也不去恢复它们本来的位置使诗歌变得完整；询问者在离开时犹如刚来时一样困惑，并怨恨西比尔”（Virgil，1999，402-403）。柯尔律治的行为与此有区别，因为对他来说从一开始就没有顺序；作品也没有对自身明显的混乱进行任何改进。首先，《神叶诗灵》没有目录页。梅斯说：“目录页由于疏忽被遗漏了”（*Poetical Works*, I:1248），但是这种意图的属性很复杂，即使是疏忽本身都可能发挥着合作效用。书中时常出现的手写字母 A 也形成书本独特的开头：标题页后读者最先看到的是前言，接着是三首附加的诗歌，柯尔律治意在吸引青少年的注意，虽然没人相信这些诗是青少年诗歌；然后是拓展版的正误表；接着就是手写字母 B 和《古舟子咏：七部分》（“The ancient mariner: In seven parts”）；其他诗歌按照种类排在其后。读者可能会在“正误表”中寻找目录的内容，突出显示的文本错误与思考增加了诗集的怪异属性，使其看起来更像是用干草叉拼接在一起的东西。书名页从设计上看，坚持使用了一个不定冠词：《神叶诗灵：一本诗集》（*Sibylline Leaves: A Collection of Poems*）。书名着重强调这是一本诗集，就像其他诗集一样，但是与华兹华斯的诗集相比，这是一种完全没有权威性的书名页。简单说来，《神叶诗灵》显示出一种明显的不规则性：女巫西比尔没有将自己的诗重新收集，因此《神叶诗灵》暗示着散乱的事物没有被重新收集或聚合的含义；这个题目中蕴含着可怜的悖论或谜题。其中最突出的一首诗《人类的生活》（“Human life”），主要内容是如果不相信不朽，那么将无法探讨人类生活的意义，这句话出自生命有限的凡人：“你们生命的存在就是一个矛盾”（line 29，*Poems*，474；*Sibylline Leaves*，269），一种深刻的自我矛盾之感充斥全书。

在华兹华斯的影响下创作的关于《序曲》的诗《致绅士》，最初刊登在《神叶诗灵》上，就是这种悖论式创造力的具体化。这首诗对比了华兹华斯的成就与柯尔律治的失败感：华兹华斯是显赫的城堡，就像忽必烈汗会在他的极乐之地建造的宫殿一样——是“人的绝对自我可怕的瞭望台”（*Poems*，441；*Sibylline Leaves*，199，200-201）——柯尔律治则是完全不同的另一种生物：“疾病对我来说正合适，它以一种饱受欢迎的使者姿态到来，歌唱着光荣和未来，在这病弱的路上来回游荡，采摘自我伤害的毒瘤！”（lines 77-81，*Poems*，441；*Sibylline Leaves*，199，200-201）“绝对自我”与自我伤害、游荡的性情之间的对比显示出明显的自我谴责的倾向；这种倾向同样明显地显示于其他文本：

哦！我用绝望的内心聆听着，

我焕然一新的脉搏：
虽然溺水的人重新有了生命迹象，
那重新点燃的生命之乐却激发了巨大的痛苦——
爱的剧痛，像苦恼的婴孩一样苏醒，
伴随着内心的一声呐喊；
那任性的恐惧，避开了希望之眼；
那微弱的希望可以从恐惧中感受自己的存在；
已逝的青春和成年时光毫无用处（come in vain），
被赋予的天分和知识也没有用处（won in vain）；
所有我在林间漫步时捕获的东西，
所有我通过耐心与劳累培养的东西，
所有通过与你交谈获得的东西都喷发出来——但是花儿
撒满我的尸体，覆盖我的尸架，
在这棺材中，在这墓穴中！

（lines 62-81，*Poems*，440；*Sibylline Leaves*，200）

他的生活方式与《序曲》相反，逝去的青春和成年时光“毫无用处”；被赋予的天赋和知识也“没有用处”：此处的重复和两个动词“come”“won”的不押韵体现出失败感与聪明才智并存。这段诗歌吐露出自我放弃感，同时又包含着一种自我定义的智谋与能力：

哦朋友！我的安慰剂和引导者！
你内心坚强，强大到可以给别人力量！——
你那长期留存的歌声停止了，
你深沉的声音停止了——
你存在在我眼前，
在我们周围是我们心爱的脸庞那快乐的景象——
意识模糊，但能感受到那结束
我纠缠在复杂的心绪中

（是想法？或灵感？还是决心？）
全神贯注，在声音中漂浮——
当我醒来，我发现自己在祈祷。

（lines 103-13，*Poems*，443；*Sibylline Leaves*，202-203）

最后一句话有双重含义：“当我醒来，我发现自己在祈祷，这并不出自我自己的意愿”；或者更加肯定地说，“当我醒来，我找到了自己，还是自己的模样，我发现自己正在做祈祷的动作：你的诗歌让我意识到我就是我。”第二种解读显示出一种新教徒式的自我肯定，就像约翰·牛顿（John Newton）的诗句“我曾经迷失，但现在找回自己”（Newton，1877：73），或者查尔斯·韦斯利（Charles Wesley）的诗句“现在我相信，因此我才说，我出发去追寻那仍然在游荡的绵羊”（Wesley，1749：I，298）。在这层意义上，找到自己意味着游荡状态的终结；但是从第一种解读来说，发现自己似乎正好相反：醒来发现当时自己身边碰巧发生的事。

在《神叶诗灵》中，找到自己表现为以下几个时刻。老水手终于回到出发的港口，也不出于自身的意愿：“像做梦一样快，我发现自己在领航员的船上”（lines 587-588，*Poems*，278；*Sibylline Leaves*，36）。在《孤独的担忧》（“Fears in solitude”）中：“我踏上曲折的回家路；看呐！我想起那晚使人疲惫的噩梦带来的凶兆，我发觉自己停在山脊上，惊讶万分！”（lines 210-13，*Poems*，327；*Sibylline Leaves*，73）在《景色》（“The picture”）中：“我发现自己在一棵哭泣的桦树下（森林中最美的树，树木中的淑女），桦树在杂草丛生的岩石边坚强挺立，下面就是瀑布。这样一幅景象映入我眼帘！”（lines 135-140，*Poems*，416；*Sibylline Leaves*，133）

在这些“发现自己”的场景中，两种含义都在场：有屈从于偶然发生事件的散漫，发现自己正在做某事，像被上了发条，可能将自己等同于某个重大的、奇妙的或富于变化的事物，就像韦斯利式的发现自己。通过这种软弱而迷途的游荡，柯尔律治实现了另一种状态，这是一种更高的目的性或意图性不会费力实现的状态。梅斯曾建议将柯尔律治“与华兹华斯相联系的失败的神话”与塞缪尔·贝克特（Samuel Beckett）作品内外显示出的精神放在一起。塞缪尔·贝克特，另一个无所成就的大师，他作品的叙述者经常发现自己在某个地方，发现自己与某个偶然事件相联系（Mays，1993：57-8）：“但是不一会儿我就发现自己是一个人，在一片漆黑中。”（Beckett，1959：180-181）

5 结语

《神叶诗灵》的最后一首诗不是《宗教沉思》，而是《国家命运》（“Destiny of nations”）。就像题目显示的，《国家命运》绝不散漫，而是柯尔律治在职业生命中所追求的另一种选择。诗歌想要解决的神学问题是个人与上帝的关系问题，柯尔律治的回答具有明显的斯宾诺莎主义倾向：“不论顺从还是骄傲，都是虔诚的信徒，会向永恒的善进化”（lines 58-59，*Poems*，127；*Sibylline Leaves*，283），但是诗歌内部的体验是散漫性而非目的性，因为柯尔律治专注于提供诸多迷信的例子：

> 幻想是种力量
> 最先将忧郁的心灵脱去肉欲，
> 赋予其新的愉悦；用狂野的活动
> 使其膨胀；用无形而模糊的恐惧
> 将其填满，
> 将其从现有的冲动的束缚中
> 解放出来……
>
> （lines 80-86，*Poems*，128-29；*Sibylline Leaves*，285）

心灵单纯的自我增值依靠惯性从任意的幻想发展为创造性。意识的多种活动在这段诗歌中表现为混杂的状态，柯尔律治冗长的脚注漫游到群山之中，探讨拉普兰人养育后代的方式；更具实验性的是，诗歌的结尾，同时也是诗集《神叶诗灵》的结尾是没有结尾，这与贝克特的小说《瓦特》（*Watt*）的结尾十分相似。在《瓦特》的结尾作者打印出一份"附录"，内容是可以放进小说中的种类混杂的事物，其中一些很美，包括一首小诗，开头是"谁来讲述这位老人的故事？"，还有一些古怪的、无法估量的事物。贝克特在他的脚注中只对"附录"做了一些干巴的解释："接下来这些珍贵的、具有启发性的材料值得仔细研究。只是由于疲劳和反胃才没有将它们合并至本书"（Beckett，1976：247）。柯尔律治在《国家命运》中也开过类似的玩笑来打断上帝的话"——至高无上的你 / 挑选可以去往天堂的完美人选 / 注视着满怀期望的人——"（lines 275-277），方括号中还有一个标题：[接下来的片段在结束时会成为诗歌的一部分。]（*Poems*，134; *Sibylline Leaves*，293）这是散漫性的、未完成作品内部文本游戏的典型代表，就像诗歌《孤独的枣树的盛开》（"The blossoming of the solitary date-tree"）中几个小节用散文的形式来释义，邀请有兴趣的读者自己将其转化成韵文（*Poems*，448-449）。在柯尔律治的"附录"中，本文作者无意中发现圣女贞德的保护神以及她诸多幻象中的一个，在情节高潮时宣布一种包罗万象的一元神论，大有时空错乱之感，使其看起来像结尾：

> 荣耀的你，大地和天空之父！
> 宇宙全知的在场！
> 自然界永恒的能量！
> 在意志上，在行动上，是所有人的推动力！
> 你的爱是要直射
> 先知那被净化的双眼，
> 还是照耀疾病领域，充斥着狂热分子，疯狂的思想，
> 那被感染的群体中散布着新的狂怒，

你具有启发性与预见性，
摆放好乐器，为了一个完美的目标：
荣耀的你，大地和天空之父！

（lines 459-469，*Poems*，140；*Sibylline Leaves*，302-303）

以散乱的树叶开始、以散乱的例子结束的书：一个坏人、狂热分子，在人群中散布疯狂的思想；但是即使这种散乱也可以补救：在这种乐观的计划内部，所有因素都为善贡献力量，即使是散乱也可以以某种方式被吸收进想象的结构，并进而理顺所有事。当这种渐强的声音一出现，诗歌就开始被分解成碎片；形成一种别出心裁的效果：

“摆放好乐器，为了一个完美的目标：
荣耀的你，大地和天空之父！”

最初出现的风景
更加狂野、颓废、荒凉，相比于
漂流在一块冰上北极熊
哀怨地对着它被碎冰断开的幼兽嚎叫
这样野性的挣扎。
结束

（lines 468-474，*Poems*，140-141；*Sibylline Leaves*，303）

这是一个完全不像结尾的结尾——用柯尔律治写给华兹华斯的话说，“意识模糊，但是能够意识到这是结束。”这部分诗歌又营造出散乱树叶之感，同时用碎片的明喻结束全书，体现出其对碎片的兴趣，北极熊发现自己在“碎冰断开的”冰山上漂浮。柯尔律治与贝克特的类比并不完美，尤其是因为“柯尔律治对自己的无所成就并不满意”（Mays，1993：61）；但是在这种具有创造性的散漫精神之下仍能找到柯尔律治式的幸福。

参考文献

[1] Axcelson, John. Timing the Apocalypse: The Career of *Religious Musings* [J]. *European Romanticism Review* 16 (2005): 439-54.

[2] Beckett, Samuel. *Malone Dies: Molloy, Malone Dies, The Unnamable* [M]. London: Calder and Boyars, 1959.

[3] Cary, H. F. Biographical Notice of James Thomson [J]. *Poetical Works of John Milton, James Thomson, and Edward Young*, edited by H. F. Cary, vi-xiii. London: W. Smith, 1841.

[4] Coleridge, Samuel Taylor. *Biographia Literaria or Biographical Sketches of My Literary Life and Opinions*. Vol 7, *The Collected Works of Samuel Taylor Coleridge* [M], 44. Mays, "Coleridge's 'Love'", 61. Princeton, NJ: Princeton University Press, 1983, 2001.

[5] Coleridge, Samuel Taylor. *Collected Letters of Samuel Taylor Coleridge* [M]. 6 vols. Oxford: Clarendon Press, 1956-1971.

[6] Coleridge, Samuel Taylor. *The Notebooks of Samuel Taylor Coleridge* [M]. 5 vols. Princeton, NJ: Princeton University Press, 1957-2002.

[7] Coleridge, Samuel Taylor. *Poems* [M]. London: Everyman's Library, 1999.

[8] Coleridge, *Samuel Taylor. Poems on Various Subjects* [M]. London: Robinsons; Bristol: Cottle, 1799.

[9] Coleridge, Samuel Taylor. *Poetical Works*. Vol. 16, *The Collected Works of Samuel Taylor Coleridge* [M]. Princeton, NJ: Princeton University Press, 2001.

[10] Coleridge, Samuel Taylor. *Sibylline Leaves: A Collection of Poems* [M]. London: Rest Fenner, 1817.

[11] Collings, David. Coleridge Beginning a Career: Desultory Authorship in Religious Musings [J]. *ELH* 58, no. 1 (1991): 167-193.

[12] Cowper, William. *The Complete Poetical Works of William Cowper* [M]. London: Oxford University Press, 1913.

[13] Hartman, Geoffrey. *Wordsworth's Poetry 1787-1814* [M]. Cambridge, MA: Harvard University Press, 1964; 1987.

[14] Jackson, J. R. de J., ed. *Coleridge: The Critical Heritage* [M]. London: Routledge, 1970.

[15] Johnson, Samuel. *A Dictionary of the English Language: In Which Words are Deduced from Their Originals and Illustrated in Their Different Significations* [M]. Dublin: W. Strahan, 1785.

[16] Mays, J. C. C. Coleridge's "Love": "All he can manage, more than he could"[J]. *Coleridge's Visionary Language. Essays in Honour of John Beer*, edited by Tim Fulford and Morton D. Paley, 49-66. Cambridge: D. S. Brewer, 1993.

[17] Murdoch, Patrick, ed. *The Works of James Thomson* [M]. London: Strahan, 1788.

[18] Stephen, Leslie. *Hours in a Library* [M]. London: Smith, Elder, 1907.

[19] Newton, John. *Olney Hymns in Three Books* [M]. Edinburgh: James Taylor, 1877.

[20] Thomson, James. *The Seasons and The Castle of Indolence* [M]. Oxford: Clarendon Press, 1972; corr, repr., 1984.

[21] Wesley, Charles. *Hymns and Sacred Poems* [M]. Bristol: Felix Farley, 1794.

[22] Wheeler, Kathleen. *Sources, Processes and Methods in Coleridge's Biographia Literaria* [M]. Cambridge: Cambridge University Press, 1980.

[23] Wordsworth, William. *The Prelude 1799 1805 1850* [M]. New York: Norton, 1979

诞生于悖论中的艺术审美

——《漫长的守夜：奥古斯丁，〈哈姆雷特〉及审美观》[①] 一文述评[②]

（四川外国语大学英语学院，重庆 400031）　毕建程

摘要：《漫长的守夜：奥古斯丁，<哈姆雷特>及审美观》一文以莎翁名著《哈姆雷特》中的戏剧独白为切入点，以基督教神学家奥古斯丁 (Augustine) 的宗教沉思为语境，探讨自我的不自洽性。作者认为，如果没有宗教神圣力量的救赎，自我以独语/独白的方式向内寻求存在意义的努力终将失败。同时作者将文学类比为一种个人化的主体形式，它自身也存在着无法真实表现自己的矛盾性。而文学与艺术的审美体验正是发轫于其自身的矛盾性与超越性。文章从个人救赎问题延伸到戏剧表现问题，进一步上升到艺术审美问题，以开阔的视野贯通古今，为艺术审美的产生机理提出富于启发性的洞见。本文试将文章内容做详细梳理，并就主要观点进行评析，为相关问题的当代阐释做铺垫和延伸。

关键词：奥古斯丁；《哈姆雷特》；自我；独语；悖论；艺术审美

---

① Elsendrath, Rachel. The long nightwatch: Augustine, *Hamlet*, and the aesthetic. *ELH*, 2020,87:581-606.

② 基金项目：本文系四川外国语大学科研项目“莎士比亚戏剧后人文共同体研究”（sisu202132）的阶段性成果。

1 引言

威廉·莎士比亚（William Shakespeare）最具代表性的悲剧《哈姆雷特》（*Hamlet*）一直是莎评界关注的焦点之一，莎评中一个普遍的观点认为：《哈》剧的创新之处就在于探讨“自我质疑的自我”问题（problematic selfhood），这位丹麦王子成为第一个对自身矛盾性着迷的现代人（Elsendrath，2020：581）。《漫长的守夜：奥古斯丁，<哈姆雷特>及审美观》一文的作者雷切尔·艾森德哈斯（Rachel Elsendrath）将这种对自我的看法追溯到中世纪早期基督教传统，以圣奥古斯丁的著作与《哈姆雷特》做互文研究。她指出，《哈》剧中的自我问题已进入死胡同，因为它不再指向任何意义；然而这一内在矛盾的自我问题却可以被重新设定为具有内在矛盾性的文学问题，也即恰恰在这一自我意义的绝境之处诞生了文学与艺术的审美性。

由于文章涉及基督教神学，在正式论述之前，作者认为有必要区分两类非宗教的自足体系（secular autonomy），因为人们讨论莎士比亚作品时常常将这两者混为一谈。第一类是有关哈姆雷特本人思考“作为哈姆雷特意味着什么”的问题。在个人的世俗化过程中，矛盾重重的个人通过在自身中寻找存在的根基宣称其独立性。根基（grounding）一词此处表示一种个人可以建构存在感的意义基础，这与在宗教或上帝身上寻找存在感的做法截然不同；第二类有关《哈》剧自身的矛盾性，即该剧探讨“作为戏剧意味着什么”的问题。作者认为，《哈》剧的不同寻常之处就在于它在很大程度上是关于它自身以及艺术的超话语（meta-discourse）：它其实在探究丹麦王子与其他文学人物（如：Hercules or Hecuba[①]）的区别，包括一场戏中戏，这里有很多表现戏剧和表演之间的多重对话。她把《哈》剧的这种自我指涉性（self-referential）比喻为

① Hercules 赫拉克勒斯，希腊神话里宙斯与阿尔克墨涅之子；Hecuba 赫卡柏，特洛伊国王普里阿摩斯之妻。

一个名副其实的镜厅（hall of mirrors），因为剧本里相互映照的例子随处可见，举个例子说，当波洛涅斯（Polonius）来到手捧摊开书本的王子面前时，哈姆雷特很可能正在读莎士比亚的《哈姆雷特》。作者认为哈姆雷特这种通过向内寻求存在意义的努力是失败的，然而《哈》剧通过从自我质疑的自我的失败中却能创造出自我质疑的艺术作品，从而跨越了这两类自足体系的差别。她把王子想象成一位终极守夜人，他在暗夜里凝视自我思考自身存在的问题。文学也被类比为一种个人化的主体形式，这使一种审美化的自我矛盾性浮出水面。

文章论述结构如下：第一部分追溯“自我质疑的自我”（the self-problemetic self）这一观念在基督教传统里的悠久历史；第二部分通过分析《哈》剧中人物的独白，展现了一个上帝恩典从未降临的混乱世界，人类无法获得拯救，因而“自我质疑的自我”这一基督教传统在此陷入僵局；第三部分指出在一个自我冲突的个人的失败中却可以诞生一件同样反映其自身问题的艺术作品（the self-problemetic artwork）。

2　自我质疑的自我

作者指出“自我质疑的自我”这一观念并非在莎士比亚戏剧中首次出现，而是出自罗马帝国时期基督教神学家希波的奥古斯丁（Augustine of Hippo）。他在《忏悔录》（*Confessions*）中那句最著名的论断：“我作为我自己是一个不解之谜”（*C*，10.33）[①] 概括了一种西方典型的与自身相违的自我意识。他在书中描述自己深受精神枷锁的牵绊，感到一种无法承受的压力与绝望，这最终促使他来到故事的高潮——他开始信仰基督教。他认为人类本性的谜团不可能从其自身找到答案，而必须依

① 本文引用奥古斯丁作品的引文均按照原文的体例，只标卷和节的数字。

靠来自外部的恩典。这一奥古斯丁式的自我批判动力为其观点的树立提供了一个来自内部的经验性指涉框架（an experiential frame of reference）——把自己完全交由上帝。

在他早期的著作《独语录》（*Soliloquia*）（创作于约公元386年）中，奥古斯丁首创了"独语"（soliloquy）一词。这一语类对后人探讨"自我质疑的自我"问题，尤其是对莎剧《哈姆雷特》批评研究至关重要。自奥古斯丁时代至18世纪，该词主要指一种精神沉思，或自我质疑式的内省，而与现代戏剧自我反省式的独白不同。尽管许多莎评家承认"独语"一词来自奥古斯丁，但大部分人并没有认识到这一渊源的重要性。

奥古斯丁从拉丁语solus（alone）和loqui （to speak）造出这一词。在《独语录》第二卷中，他创造了一个名为"理性"的人格化人物，以他的口吻解释了该词的含义

> 一方面，追求真理，没有比问和答更好的方式了，另一方面，几乎没有人在争论中失败会不觉得羞愧，结果就常常发生这样的事，一个讨论主题很好地开始，却因为自负思想的难以控制的聒噪，也夹杂着通常是隐藏着但也时有表露的感情伤害，而被置之度外——因为这些原因，我乐于依靠上帝的帮助，在平静合宜的气氛中，通过自问自答来探寻真理。因此，若你太草率地置身于任何立场了，不要害怕回到那个问题并揭示它，因为没有其他出路。（S，2.14）

奥古斯丁在这里为人在独处时与自己对话赋予了一种认识论上的优势。从柏拉图（Plato）和西塞罗（Cicero）的雄辩哲学传统中，他认识到"问—答"是寻找真理的最佳途径，但是在问答过程中其他人的存在却有可能混淆哪些真理应该被认识，又有哪些应该被忽略。那是因为人们与他人交谈时为了避免自己受窘会执拗地维护自己的立场，不管这个立场是对还是错。曾作为修辞学教师的奥古斯丁深知这一弊病，他说："过去尽管我赢了很多辩论，但并不是因为我是正确的。而辩论中一连串的胜利会让一个年轻人很快从急躁变为顽固"（Brown, 2000:37）。与之相反，

当一个人独处时，他不需要为自己的错误争辩或试图掩盖它。由于远离人群，他可以反复思考并努力解决问题。奥古斯丁说他过去常常“出于对上帝的爱”而花几个小时独处思考，他把自己长时间的无他人干扰的独处行为形象地比作“守夜”（nightwatch），认为这是获得真知灼见的前提，本篇文章标题中的“守夜”一词便是沿用这一说法。

奥古斯丁认为内省是有积极意义的，因为思想会通过一个无情自我批判的过程通达真理。他通过认真检视自己的错误，把所有遮蔽住上帝观点的自我部分拆解开，最终看到存在于自身之外的真理。他声称上帝将会在一个人完全摒弃虚假自我部分的时候降临。“因此，当你变成这样一个人，地上的东西都不取悦你了，请相信我，就在那时候，在那一瞬间，你会看到你所渴望的”（*S*, 1.24）。《忏悔录》记录了这一过程。同样在《独语录》中他这样祈祷：“现在我专一爱你，专一跟从你，专一寻求你，准备着专一服侍你，因为唯独你有公义的统治，我渴望着由你掌管。我乞求你，请指示、命令你之所愿，但是请治愈、开通我的耳朵，以便我聆听你的话语。治愈、开启我的眼睛，以便我察觉你的意愿”（*S*, 1.5）。通过祈祷，奥古斯丁试图赋予自己见证上帝的能力：“让你的门在我叩叫时打开吧，教导我怎样来到你跟前，除此我别无所愿。那飞逝的可朽坏的该被抛弃，确定的永恒的当被追求，除此我别无所知。”（*S*, 1.5）。他请求上帝把自己内在所有非上帝指令的内容去除，这一自我检视的过程使他到达能够接收上帝意愿的境界。

作者将哈姆雷特的独白与奥古斯丁的独语做比较，找出了它们的相似之处。如果奥古斯丁把上帝当作天父，上帝的训诫是他唯一的渴求；而在《哈》剧中，鬼魂也扮演了父亲的角色。当哈姆雷特跟鬼魂对话之后，他独自站在舞台上，说了下面的话[1]：

> 天上的神明啊！地啊！再有什么呢？我还要向地狱呼喊吗？啊，呸！忍着吧，忍着吧，我的心！我的全身的筋骨，不要一下子就变

① 本文中《哈姆雷特》引文均采用朱生豪译本，只标明场次行数。

> 成衰老，支持着我的身体呀！记着你！是的，我可怜的亡魂，当记忆不曾从我这混乱的头脑里消失的时候，我会记着你的。记着你！是的，我要从我的记忆的碑版上，拭去一切琐碎愚蠢的记录、一切书本上的格言、一切陈言套语、一切过去的印象、我的少年的阅历所留下的痕迹，只让你的命令在我的脑筋的书卷里，不掺杂一些下贱的废料……（*H*，1.5.92–104）

这段话颇有奥古斯丁的意味。这位以纠结著称的王子不断地自我质疑，将自我剥离，这不仅需要摒弃肉体，还要摒弃头脑中所有形式的知识与记忆，只留下鬼魂的教导。从这个意义上来看，哈姆雷特的独白与奥古斯丁的独语有着相似的对象与意图，但原文作者指出了两者的主要区别在于结果大相径庭：奥古斯丁通过这个祈祷过程使他濒临疯狂的精神得到拯救，而哈姆雷特却因这样的自我质疑陷入了疯狂。作者在下一部分阐释了这种自我质疑失败的原因。

3　自我质疑的自我的失败

作者认为要想理解为何莎士比亚戏剧表现的个人主义步履维艰，就需要先了解奥古斯丁通过内省进行自我摒弃的部分原因在于独处之于他的特殊性。奥古斯丁式内省的重要特点是：独语总是发生在他独处时，同时还会得到“上帝的协助”。在《独语录》中，“理性”这一人物说道：“在上帝的帮助下寻求真理的最和平恰当的方法似乎就是自问自答”（*S*, 1.11）。这样看来，奥古斯丁的自我，其实并没有独处，因为他可以与外在的神圣存在联接。奥古斯丁在《独语录》中看似创造出“理性”这一人物与自己对话，实则是把自己人格中的理性外化和拟人化，实则也是在自问自答，与“独语”并不矛盾。学者凯瑟琳·贝茨（Catherine

Bates）曾这样描述过奥古斯丁式对话模型："思考的头脑在专注时，能与自我谈心，这是因为它与某个理想的他者保持联系，这个他者没有任何人类谈话者所具有的弱点和不靠谱，否则谈话会很快不欢而散"（Bates, 2018: 56）。这种谈话使奥古斯丁看起来像是在多个身份之间摇摆。

作者把奥古斯丁在多重身份之间摇摆的做法看作一个奥古斯丁思维中的基本悖论，并由此联想到典型的黑格尔式悖论，即自我如何通过理解自身的局限而超越这些局限（Elsendrath, 2020:586）。奥古斯丁在另一部著作《论三位一体》（*The Trinity*）中解释道："当我们说'它自己'（心灵）时，指的是它自己的整体。正如它知道它的整体的自我还未被它自己找到，它必须知道整体有多大。所以它必定是在寻找仍在遗失之物，正如我们习惯于寻找滑出我们心灵的某物，让它回到心灵来一样；某种东西还未完全滑出心灵，因为当它回来时，可被认出正是我们在寻找的"（*T*, 10.2）。他指出人的自我会忆起那些丢失了但仍保留某些神性元素的记忆。因此，自我对自身缺失部分的探究与发现并没有陷入困境。下面是奥古斯丁在《忏悔录》中对此观点的阐述："因为主，判断我的是你。虽则'知人之事者莫若人之心'，但人心仍有不知道之事，唯有你天主才知道人的一切，因为人是你造的。虽则在你面前，我自惭形秽，自视如尘埃，但对于我自身所不明了的，对于你却知道一二"（*C*, 10.5）。可见，在上帝这一神圣力量的见证或协助下，自我在摒弃自己的同时重新发现了自己，那就是灵魂。理性的声音告诉我们，灵魂是另外一种形式的自己，只是我们在俗世间游荡时把灵魂丢失了。只要我们敢于把凡夫的鄙陋知见弃除，就会把丢失的灵魂找回，让自我重新完整。

但在《哈姆雷特》中，情形却不那么乐观。剧中没有如"理性"这样的理想同伴或上帝这样的神圣力量来缓解王子的孤单。相反，似乎只有来自另外一个世界的鬼魂可以与王子独处，但它的存在充满不确定性，因此哈姆雷特的精神始终处在焦虑不安甚至疯狂之中。在王后衣柜这场戏中，当鬼魂出现在哈姆雷特面前时，王子乞求天国的帮助："天堂的守护者啊，请用你的翅膀遮蔽我！拯救我吧！"（*H*, 3.4.100）而王后却回答："天啊，他疯了！"（*H*, 3.4.102）。她坚持说没看到鬼魂，认为它只是儿子头脑中捏造出来的幻觉。

综上所述，在奥古斯丁的神学里，自我并不是孤立无援的，它通过持续地自我反省，逐渐在灵魂中找到了归宿。在他早期的《独语录》和后期代表作《忏悔录》中，奥古斯丁式自省总是伴随某些声音的出现（前者是理性，后者是孩子），不管这些声音来自自身内部还是外部，结果都可以让灵魂回归自我。然而在《哈姆雷特》中，自省主体的情况则完全不同，哈姆雷特摒弃自我之后并没有获得救赎。文章作者的解释是：这表明奥古斯丁式的自我已在丹麦不复存在，精神没有自身之外可以依赖的事物可以求助，鬼魂反而成为人物精神骚动不安的象征。莎评家贝茨对此的看法是，在《哈姆雷特》中"人类语言跑到虚空之外并没有收回任何东西"（Bates, 2018:57）。

原文作者认为，哈姆雷特在自我摒弃之后非但没有得到救赎，反而遭受了更多的损失：他同时被剥夺了继承权，爱人奥菲利亚与他切断了联系，他从前的两个同学在为新国王卖命等等。可幸的是，在这个无法得到上帝垂爱的世界里，有他的好友霍拉旭聊以慰藉他的孤单处境。因此，哈姆雷特依赖霍拉旭帮他监视继父，并把他放在了"心坎上"（*H*, 3.2.69）。在哈姆雷特这段脍炙人口的独白中，人们常常把它解读为他对可见世界与人文主义的赞美：

> 在这一种抑郁的心境之下，仿佛负载万物的大地，这一座美好的框架，只是一个不毛的荒岬；这个覆盖众生的苍穹，这一顶壮丽的帐幕，这个金黄色的火球点缀着的庄严的屋宇，只是一大堆污浊的瘴气的集合。人类是一件多么了不得的杰作！多么高贵的理性！多么伟大的力量！多么优美的仪表！多么文雅的举动！在行为上多么像一个天使！在智慧上多么像一个天神！宇宙的精华！万物的灵长！可是在我看来，这一个泥土塑成的生命算得了什么？人类不能使我发生兴趣；不，女人也不能使我发生兴趣，虽然从你现在的微笑之中，我可以看到你在这样想。（*H*, 2.2.263-76）

然而结合上下文来看，这种解读未免有断章取义之嫌。作者认为这是哈姆雷特知晓了父亲遇害的实情之后，面对他的朋友以自言自语的方式表达他的悲伤和失落之情，他抱怨说自己不再贪恋尘世之美及人类思想的奇迹。当他回应朋友的目光时突然话锋一转："这泥土塑成的生命有何意义？"这分明是对人文主义的否定。虽然他似乎是在与朋友开玩笑打趣，可我们从中却可以看到他对可见世界和人文主义的赞美顷刻暗淡，世界突然变得浅薄和陈腐。哈姆雷特在这一刻对现世荣耀的宣扬变成陈词滥调，唯有与友人倾诉衷肠才能够弥补内心的伤痛。不过好景不长，随着故事的进展，哈姆雷特与亲友们相继分离，最终还是陷入无法释怀的孤独（Elsendrath, 2020:589）。

然而有学者并不同意哈姆雷特是孤单的说法。学者格蕾西雅（Margreta de Grazia）表达过这样的观点："在莎士比亚时代的舞台上，并不存在某个人物自言自语这回事，原因很简单，因为实际上不可能造出人物独处的幻象"（De Grazia, 1995:69）。她引导大家注意到当时舞台的实际布局，"观众坐在环绕舞台的露天剧场中，在观看舞台上表演的同时也在看着观众自己"（De Grazia, 1995:69）。格蕾西雅由此得出的结论是，哈姆雷特正面对着他看不到的他者讲话。但是原文显然不同意这种观点。作者指出这里有一个至关重要的区别：对观众来说，哈姆雷特或许并没有独处，但不意味着对他自己来说他不是独处。实际上，剧院里的观众看到哈姆雷特被很多人包围，而且切身感受到他周围人们的存在，他们的呼吸、目光以及或安慰或激动的情绪，都那么真实。但他本人显然没有感受到这一切。舞台上的世界应该有别于剧中表现的世界，剧中人物的经历不应该等同于看戏观众的经历。也可以这样说，故事中的哈姆雷特与舞台上的哈姆雷特既相同也不同（Elsendrath, 2020:589）。

尽管奥古斯丁对莎剧有重大的影响，然而人们却常常会忽略他。通常的观点是认为这种"与自我相冲突的自我意识"的观念来自圣人保罗。在最著名的《罗马书》（*Romans*, 7：23）中，保罗描述自己被两个对抗的自我撕扯，一个是头脑中美德的律令，另一个是肉体里原罪的法则。

但斯丹达尔（Krister Stendahl）曾说过：保罗从没认为自己有一个受困扰的良知，他更关心的问题是，非犹太人在新豁免法之下不求助于上帝是否也能被拯救？斯丹达尔认为直到几个世纪之后，奥古斯丁开始写作时，这些有关救世主的问题还似乎是在描述内省的意识之间无休止地冲突（Stendahl, 2007: 506）。

由于《哈》剧中常有对威登堡（Wittenberg[①]）的指涉，因此许多学者认为马丁·路德（Martin Luther）从圣人保罗那里借来观点阐明他关于主观意识普遍斗争性的看法，因为路德曾讨论过这种“人类生与死的斗争”（Luther, 1954:114）问题。但原文作者提醒我们，作为一名奥古斯丁式僧人，路德从《罗马书》和《迦拉太书》相关语境中摘取文字，用奥古斯丁传统来解读保罗。路德写道当他读到保罗写给罗马人的信时获得重生，而这本书也正是奥古斯丁皈依上帝时读的书。以这种方式解读保罗，路德似乎是模仿奥古斯丁来写自己的信仰故事。奥古斯丁提供了一个自我质疑的模板。连文艺复兴时期著名诗人弗朗切斯科·彼得拉克（Francesco Petrarch）也有同样的体悟，在他与圣人奥古斯丁长达一生的文学对话中，他想象自己与一位名叫 Augustinus 的人物对话，同样出名的是一封题为《攀登文图山》（“The ascent of Mont Venteux”）的信，信中彼得拉克模仿与圣人的对话，其中就提到内省的必要性。这些例子都证明了奥古斯丁式内省对后世的影响。

紧接着作者举了一个奥古斯丁对《哈姆雷特》有直接影响的例子，但出乎读者意料的是，这一影响并非针对哈姆雷特的独白，而是克劳狄斯的祈祷。学者巴腾豪斯（Ray W. Battenhouse）在 1969 年出版的《莎士比亚悲剧：其艺术与基督教前提》（*Shakespearean Tragedy: Its Art and Its Christian Premises*）一书的第一个附录中，他连用了几个跟奥古斯丁有关的注释。特别提到就在剧中剧《捕鼠机》（*The Mouse-trap*）上演之后，哈姆雷特在去母亲房间的路上遇到克劳狄斯正试着祈祷这场戏。这

① 此处指德国威登堡大学，有学者认为哈姆雷特的思想内涵和精神实质与路德宗神学有诸多相通之处。

是剧中克劳狄斯唯一的一次独白，但却是最奥古斯丁式的，包括它采用了一种演说方式，像祈祷，但实际又不是祈祷。相反，它对自我提出了一系列有关祈祷的问题：“要是这一只可咒诅的手上染满了一层比它本身还厚的兄弟的血，难道天上所有的甘霖，都不能把它洗涤得像雪一样洁白吗？慈悲的使命，不就是宽宥罪恶吗？祈祷的目的，不是一方面预防我们的堕落，一方面救拔我们于已堕落之后吗？”（*H*, 3.3.43-50）。

作者发现这些问题实际组成一个逻辑序列：我若有罪又如何？上天会不会净化这些罪？除了免罪，上帝的仁慈还有其他目的吗？祈祷的作用不是为了当我们犯罪时帮我们寻求上帝的仁慈从而阻止我们犯罪吗？我们会发现这种作为自我检视和精神追寻目的而向上帝提问的自省模式正是最初奥古斯丁赋予“独语”一词的含义。奥古斯丁认为对话应该在独处时进行，因为只有此时我们才能有回旋的余地来纠正自己的错误。而与自我的对话可以比世上任何其他对话都更诚实，没有敷衍塞责，因为它是独处时发生的（克劳狄斯不知道哈姆雷特正在窥视他）。克劳狄斯独自一人在舞台上，这就避免了忏悔时有他人在场而引起的谴责，所以我们会看到阴险狡诈的克劳狄斯竟可以坦然承认并讨论自己的罪孽。

与发生在奥古斯丁身上的情形一样，克劳狄斯的思想过程本质上也是自我批判的。与其说在这段话中克劳狄斯在向上帝祈祷以求获得宽恕，不如说他是在探讨是什么阻碍了他的祈祷，他试图理解为何“我不能祈祷”（*H*, 3.3.38）；他通过分析祈祷的作用，最终发现问题出在自己身上：“那么怎么办呢？还有什么法子好想呢？试一试忏悔的力量吧。什么事情是忏悔所不能做到的？可是对于一个不能忏悔的人，它又有什么用呢？……”（*H*, 3.3.64-66）。这段独语成功地证明某个现象存在，即上帝的恩典无所不能，但如果祈祷主体没有或不能先忏悔的话，也可以毫无作为。观看了哈姆雷特导演的戏之后引起的震撼使克劳狄斯陷入沉思，这无疑给他带来一种奥古斯丁式的内在转变，曾经使他备受煎熬的思想枷锁使他敢于直面自己肮脏的内心和罪恶的意图，这场与内心的对质迫使他看清自我无法被救赎的事实：“啊，不幸的处境！啊，像死亡一样黑暗的心胸！啊，越是挣扎，越是不能脱身的胶住了的灵魂（limed soul）！救救我，天使们！试一试吧……”（*H*, 3.3.67-69）。这段独语的最后部分用了一个字母O不断重复——它逻辑上支离破碎，预示克劳狄斯的话超出了人思想活动之外，正在召唤种种神性力量的帮助。然而结果是可悲的，他遇到自己内在的死亡，他似乎能够看到自己的思想逐步被禁锢在自我里，毫无获得自由的希望。

作者认为这样的时刻恰恰是奥古斯丁式的祈祷时刻。在《哈》剧中克劳狄斯这一场独白的戏结尾处，我们看到了“飞”的隐喻：“我的言语高高飞起，我的思想滞留地下；没有思想的言语永远不会上升天界”（*H*, 3.3.97-98）。作者由此联想到一个奥古斯丁式隐喻：“被粘鸟胶粘住的灵魂”（limed soul）。在《忏悔录》中奥古斯丁有三次把自我囚禁的灵魂比做被鸟胶粘住的鸟。在这两个例子中，鸟代表灵魂，鸟胶代表享乐或贪欲。奥古斯丁认为困住他灵魂使之不能自由的是他的“荣耀、成就、婚姻”。而克劳狄斯给出的清单与之刚好一致：“我的王冠、我的野心和我的王后”（*H*, 3.3.55），甚至连顺序都一样。这里也透露出莎士比亚要表达的意图：灵魂渴望被救赎，渴望上升到圣洁的天堂，而自我对世俗生活的贪恋却把人的肉身牢牢地禁锢在大地上。这种自我与自身的斗争、拉锯与分裂使人感到无比困顿焦灼甚至绝望，如被鸟胶粘住的鸟一般。这一隐喻无疑具有奥古斯丁的味道，在痛苦绝望到极点的时刻往往就是救赎降临的时刻。在《忏悔录》中，圣人描述他在即将信仰上帝的最后时刻，痛苦也剧烈到了极点：“越在接近我转变的时刻，越是使我惶恐”（*C*, 8, 11）。富于戏剧性的是自我在必须面对自己的过错时会感到越来越多的内心折磨：“这些争执在我心中搅扰，正是我与我的决斗”（*C*, 8, 11）。这句话充满自省式建构。当与自我的矛盾产生令人无法承受的压力时，他的痛苦伴随着决堤的泪水涌出，而这个崩溃正是他获得突破的契机。当他全然知晓自己无力拯救自己时，他臣服了，继而将自己完全交由上帝。就在他痛苦地悔悟呼唤上帝时，类似恩典的东西降临了。

与之形成鲜明对照的是，克劳狄斯面对充满罪恶的自我被囚禁的状态时却没得到上帝的垂爱。作者认为，尽管这里的语境是奥古斯丁式的，但克劳狄斯的处境中很明显缺少上帝或其他神圣精神的临在：尽管他呼叫天使“救救我，天使们，试一试吧”（*H*，3.3.69），可是天使没有出现；他不但没有从自己的罪孽中被拯救出来，反而越陷越深。对此，巴腾豪斯的解释是，克劳狄斯没有按照正确的方式祈祷，他写道：“或许，再试一次的话，他（克劳狄斯）有可能做得更好。”这一观点显然是站不住脚的。《哈》剧中的世界是“一座牢狱”（哈姆雷特语），灵魂被囚禁在这里无法获得自由，即便向上帝祈祷也无济于事。哈姆雷特的祈祷并没有让他获得来自外部空间的力量来缓解他的孤独，一颗不肯同流合污的灵魂在这里注定是孤独的。

通过以上分析，作者得出的结论是：在莎士比亚的这部悲剧中，无论是哈姆雷特还是克劳狄斯，他们都经历了一种奥古斯丁式自我反诘的过程，就像奥古斯丁所做的一样将自己逼进一个逐渐紧缩的狭小空间；然而，与奥古斯丁所不同的是，他们并没有被一种救赎的力量抛向彼岸。剧中自始至终都没有一个神圣之物把人物从幽闭的自我中解放出来（Elsendrath, 2020:594）。正如那个隐喻所示，有温暖羽翼的天使从未在丹麦降临；相反，灵魂之鸟仍然被粘鸟胶牢牢困住，在绝望地扇动着翅膀。作者以这个形象的比喻说明，《哈》剧中人物代表的自我在与自我质疑、矛盾、抗争之后并未获得救赎而以失败告终。这是自我质疑的主体的失败。

4　自我质疑的戏剧

在这一部分中，原文作者将个人努力获得救赎但失败的问题，进一步上升到戏剧的审美问题。她首先从戏剧中哈姆雷特的独处和舞台上哈姆雷特的独处的不同开始谈起。她认为，认清剧中相对于人物的世界和相对于观众的世界是不同的这一点非常重要（Elsendrath, 2020:594）。

即便在剧场中哈姆雷特看起来并不是独自一人，也应该认为他在剧中是独处的。剧中鬼魂一角是理解这一点的关键因素，通过鬼魂可以看出剧中人物与观众的经历截然不同。莎剧研究必须弄清的一点是，对剧中人物来说鬼魂要么是真实的要么是不真实的，根据剧情的需要如是安排不会引起任何疑虑；然而对观众而言，鬼魂却真假难辨。它出现在舞台上，作为观众的我们清楚地看到了它，同时我们又必须相信在衣柜那场戏中乔特鲁德与它面对面却对它视而不见。至于为何她看不到？鬼魂在还是不在？我们不得而知，舞台上鬼魂的存在状态是不确定的。如此一来，该剧便产生出了比它本身含有的任何一个人物、一句台词或一个视角更为丰富的含义：由此可见，这部剧超越了它自身，尽管这听上去很奇怪，但它已然成为与自身相矛盾的一个问题（Elsendrath, 2020:594）。

作者还发现大诗人艾略特（T. S. Eliot）对《哈》剧持相似的看法。艾略特认为，《哈》是一个“艺术上的失败”，因为它制造出超过其本身内容的意义。他说该剧太冗长，包含了许多“浮夸和与剧情不相符的场面，即便作者仓促修改之下也应该注意到这些”（Eliot, 2002:139）。最明显的地方是，王子丰富的情感也超出了剧情所提供的内容，剧中几乎任何地方都寻觅不到对这些情感进行解释或具象化的踪迹。这位诗人兼批评家写道：“我们发现莎士比亚的《哈姆雷特》中既没有相关的行动也没有相应的语言来表达这些情感”（Eliot, 2002:141）。他试图证明哈姆雷特的语言所能表达内容的有限性。哈姆雷特在他第一个长独白中，说他抛弃了那些“一个人会做的行为”（*H*，1.2.84）。这表明他同样也认为自己的语言或行为不足以表现真实的自己，换句话说这是指自我在自己的语言和行为之外。艾略特最终对《哈》剧的评价是它也如它的主人公一样不能完全表达自己（Elsendrath, 2020:595）。

我们姑且承认艾略特的评价有一定的道理，但也不能说明这部剧就一定是失败的。艾略特认为，该剧呈现出的问题在某种程度上也是主要人物的问题——即哈姆雷特找不到能对外部世界做真实表达的满意形式。这部剧缺少一种“客观对应物”（objective correlative），具体来说可以表现为“一系列物品、一个情境、一连串事件等”，这些都可以作为构成那种特殊情感的“配方”（formula）（Eliot, 2002:141）。也就是说，一个戏剧提供的事件、意象和话语等元素必须能将这部戏包含在其中，足以容纳它所激发的种种情感。但这条原则并不适用于《哈》剧，“哈姆雷特被无法言喻的情感所左右，这样的他超出了这部戏所呈现的事实”（Eliot, 2002:141）。

艾略特对《哈姆雷特》的这个评价与奥古斯丁有关人超越其自身的观点颇为吻合。对圣人奥古斯丁来说，人类是一个巨大的神秘物或“无底的深渊”（*C*，4，14），人类无法逃脱的存在问题不是由于他自身具有缺陷的、罪恶的和可悲的本性决定的，相反，人类的本质内涵超过了他能理解的概念范畴：“人心仍有不知道的事，唯有你天主才知道人的一切，因为人是你造的”（*C*，10，5）。学者阿亨特（Hannah Arendt）也曾表达过类似的观点：我们越探究就越会发现，人类之于自身是一个谜，因为他的真正自我超出了他所能理解的范畴（Arendt, 1998: 10）。

作者却认为关键问题并不是像艾略特所说的那样，即“莎士比亚驾驭不了一个对他来说过于庞大的问题”（Eliot, 2002:142）。实际上，这部剧反常地指向它自身之外的一种统一性。在使奥古斯丁的自我概念世俗化的过程中，该剧使人类自我质疑的行为徒劳无功。然而在这个过程中，它却制造出溢出自身之外的丰富含义。表面上该剧没有呈现出可见的统一性、没有一以贯之的上帝的临在、没有赋予剧中一切意义的包罗万象的视角。但我们不能像艾略特一样把它评判为“失败的戏剧”，事实上该剧产生出的意义远非剧中人物的思想所能承载。不同于奥古斯丁的宗教含义，该剧蕴含的是一种非宗教类型的意义，而它正静静等待着未来的读者或观众去解读（Elsendrath, 2020:596）。

在此，作者将讨论的核心从戏剧表现问题上升为艺术审美问题。她在后面的篇幅中，力图证明她最终的观点：她所阐发的美学意义就产生于成为自身问题的自我观念与成为自身问题的作品观念之间的转换过程中。她所定义的“审美的”（aesthetic）一词是指与艺术相关联的实践与思维模式。众所周知，这个词在鲍姆嘉通（Alexander Gottlieb

Baumarten[①]）1735 年出版的《沉思录》（*Meditations*）和 1750 年出版的《美学》（*Aesthetics*）一书里就已经出现了；而更为人所熟知的是康德（Immanuel Kant）在 1790 年出版的美学巨著《判断力批判》（*Critique of Judgment*）里也提到这个词。学者艾布拉姆斯（M. H. Abrams）据此断定这个概念是到那时才形成的。艾布拉姆斯认为，在康德之前，世上没有艺术这一范畴：人们讨论绘画与诗歌时往往会与他们在世间的效用相联系，因此艺术并不是自发或自足的（Abrams,1989:184）。这一观点在 20 世纪 80 年代颇为流行。原文作者借用亚里士多德（Aristotle）的观点来说明她的立场，即严格来讲，在 18 世纪之前是没有对艺术毫无偏见的非宗教思考的。在口头艺术领域，亚里士多德曾认为诗歌从某些方面有别于修辞学，它对每个话题都创作不同的作品，赋予这些作品比修辞学更有实用价值的目的。在《尼各马可伦理学》（*Nicaomachean Ethics*）一书中，他提到艺术是一门对我们毫无用处的学问（Aristotle，1926：1177b）。在《政治学》（*Politics*）一书中他解释道人们对音乐的思考无助于做生意，但能让人产生内在的愉悦感（Aristotle,1932:1338a）。在文艺复兴时期，人们评价诗歌的价值时常以其道德功效为标准，而非将其自身存在作为沉思对象。但是，当西赛罗式修辞术实用主义目的出现时，人们越来越多地开始质问有些大诗人，如西德尼（Sir Philip Sidney）、马洛（Christopher Marlowe）、莎士比亚（William Shakespeare）等的作品是否具有实用性时，这一立场也在不断变换（Elsendrath, 2020:596）。

在人们讨论文艺复兴时期“审美范畴”（category of the aesthetic）这一术语时关注到，它作为一个新兴概念的不稳定性。下文中，作者就“审美性”（the aesthetic）这一概念与学者克里斯托弗·派（Christopher Pye）进行了辩论。派把这个现代术语的内在复杂性当作它的优点，将“审美的”意义描述为“与自身同步性”（sync with itself）（Pye, 2015:14）。可以将之理解为“自己就是评价自己的标准”，也即不存

① 一般以为，美学学科的产生以德国哲学家亚历山大·鲍姆嘉通于 1750 年出版的专著《美学》第一卷为标志。

在一个一成不变的既定标准用来衡量艺术作品。康德说，没有天才的作品是从哲学原理那里衍生出来的，因为与像新古典主义这样的思想流派相反，任何一件伟大的艺术作品都从它自身内部找到规则：《哈》剧就用他自身的存在来定义悲剧的原则，反向地改变了我们对悲剧的定义。美学作为一个哲学范畴一直处于变化之中，即使在寻找稳定的意义和终极归宿的过程中也是如此。派写道："在这个意义上讲，美学是它自身语境化的过程，是建立在自身基础上的故事或寓言在超越自身的失败中产生的"（Pye, 2015:16）。

这是一个悖论式的命题，派以马洛（Christopher Marlowe）的《浮士德博士》（*Doctor Faustus*）为例来具体说明这一悖论的意义。他称浮士德有一种能力即他能从外部观察自己，继而把它上升为文学自治性问题，即文学也具有这种从外部看清自己的能力。派聚焦于该剧"自我典范化"的倾向，或者说该剧有将自己的某些部分塑造为优秀戏剧榜样的倾向，他将这种自我终结化的动力与文学作品的这种动力相联系。例如，马洛将剧中海伦那场戏设计成一场众人看戏的场景，即：跳出自身之外来定义自身，这样给剧本提供了一面反观自己的镜子。派写道，我们所说的文学离不开"它自身设计的问题"（Pye, 2015:25）。他认为，外表看来具有自主性的自我与具有自主性的艺术作品是相通的：两者都试图从自身外部视角来定义自身。然而，原文作者并不赞成这样看法。她认为文学从来没有成功地跨出自己，因为它以自我为典范的过程首先是使文学文本成为文学。显而易见，从外部定义自身的努力都以失败而告终。用她的话来讲，这是因为它们都与自身相悖（Elsendrath, 2020:597）。

谈到从自我质疑的个人到自我质疑的艺术作品过渡的问题时，原文作者借用了黑格尔在《精神现象学》（*Phenomenology of Spirit*）中关于精神的描述：意识是认识自我的过程（Hegel, 1977:1223）。学者詹姆逊（Frederie Jameson）把这个过程解释为，我们不停地"使我们自己客观化，然后把客观结果重新内化到更高的层次"（Jameson, 2017:19）。黑格尔认为，艺术史的发展过程里，每件艺术品都包含一个精神先外化然后内化的过程。当意识看到一件艺术作品时，它立刻将正在外化的事物与自我相比较，并由此意识到自我已超出了曾经为自己规定的界限。“意识很明显在它自身的概念中，因此他超越了自己的界限。既然这些界限是自己设定的，那它就是超越自身的事物”（Hegel, 1977:51）。

而原文作者将语言也看作是一种超越自身的自我。她认为只有在奥古斯丁思想的背景之下，人们才能理解黑格尔对自我的定义，这个自我总是迫使自己超越自身。在自我躁动不安地向内求索的过程中，总会发现奥古斯丁的身影（Elsendrath, 2020:598）。斯文尼（Terence Sweeney）这样解释奥古斯丁对真实自我的追寻：“上帝为了让自我寻找它自己而让我们成为自身的问题，让我们在知与未知中追寻……这种‘可知的未知’（knowable unknown）是一种悖论，它是令我们躁动的原因，同时也是推动灵魂去找寻的动力”（Sweeney, 2016:681）。作者认为这也是艺术发展的规律：它通过描述自己的边界而超越它们。然后她借用学者阿多诺（Theodor W. Adorno ）的理论帮助把黑格尔的思想做进一步解释：黑格尔将自我意识的展开过程与艺术史相联系，把这一联系断然归入审美哲学领域（Elsendrath, 2020:598）。她特别强调阿多诺在《美学理论》（*Aesthetic Theory*）一书中对艺术的描述与黑格尔对精神内在运行特点的描述何其相似：“手工艺品内部含有某种东西，不管称它为什么，其意义的统一性并非一成不变，而是以一种对抗性的方式在运动”（Adorno, 1997:176）。尽管黑格尔想象中的精神最终可以达到某种统一性或圆满性，但阿多诺想象中的艺术则通过不断质疑和否定自己的方式推迟了这一结果。他把这一过程形象地比喻为：艺术作品就如同珀涅罗珀（Penelope[①]）纺织的布匹一样，白天被织好后晚上又被拆掉（Adorno, 1997:186）。

作者总结道，这种奥古斯丁式展示出其局限性的自我质疑，可以帮助我们发现莎士比亚的文本也是超越它自身的，其文本具有既包含又排斥自身的倾向（自我质疑的自我），这也同时印证了黑格尔和阿多诺有关自我和艺术形式发展模式的观点（Elsendrath, 2020:598）。思维过程的早期阶段没有被结果抛弃而是保留在其内。比如，黑格尔在总结《现

① 古希腊神话女性人物之一，英雄奥德修斯忠贞的妻子。

象学》（*Phenomenology*）时指出它的表象必须以一种崇高的方式包含产生结果的各个阶段，这些阶段将会组成某种形式，他将之定义为“把各个瞬间在世间按序列展开的存在形态”（Hegel, 1977:3）。这一艺术形式存在的过程对阿多诺来说也是重要的。阿多诺把黑格尔的观点延伸，通过发现哲学内在认知的边界而超越了它们。他把审美经验描述为一个不断纳入它所抛弃内容的过程：“当界限被确立的那一刻它就被跨越了，界限范围内的内容同时也被吸收”（Adorno, 1997:6）。与其他事物不同，艺术作品以这种方式模仿一个未经加工的变化过程。在奥古斯丁眼中，无法调和的自我矛盾的话语过去是他求诸上帝的工具，而在现代世俗化语境之下，它具有了文学或审美意义。艺术容纳了一种自我质疑的话语，使它具有特权，而它不再寄居于孤立的自我中。

原文作者在最后又借用学者刘易斯（Rhodri Lewis）近来发表的观点对《哈》剧重新评析。刘易斯认为《哈》剧表现出人文主义自我的失败，因为当他审视一种在西赛罗式对话中表现出的修辞多样性时，这种多样性只是在说明“他可以表演，可以伪造”（Lewis, 2017:34），自我在假装是它自己。但他又承认，后人文主义自我的同样失败又让我们回到世俗化文学形式的人文主义。当哈姆雷特为了与朋友打趣而转换话题时，他不再与任何紧紧束缚人又令人神经紧张的身份相认同因而获得了一种解脱。这种身份认同的伸缩性类似一种审美的经历，这使一段文学文本或其他任何形式的艺术品都可以同时含有多重意义，至少人们可以在此处暂时停顿一下，好比撬开一块空间呼吸新鲜空气一般（Lewis, 2017:34）。但文章作者认为在这一点上哈姆雷特与奥古斯丁又有不同，奥古斯丁以其他基督教信仰者（如：Victorinus[①]）为榜样，同时他也希望自己的读者以他为榜样做虔诚的宗教信仰者。而哈姆雷特却避开这种一对一的身份认同。王子在给伶人排戏时在赫拉克勒斯（Hercules），皮洛斯（Pyrrhus[②]）或赫卡柏（Hecuba）这几个角色中间游移，甚至暗示

① Marius Victorinus 维多利纳斯，公元 4 世纪中叶罗马著名的修辞学家。他对基督教的信仰对奥古斯丁产生了深刻的影响。

② 皮洛斯，古代希腊的 Epirus 之王。

给观众，扮演赫卡柏的演员发现了他不是他所扮演的这个人物。同样道理，观众可以在该剧蕴含的不同意义之间任意穿梭，最终毫无意外地不会接受任何一个（Elsendrath, 2020:600）。

原文最终的结论可以归纳为：在基督教神学里，孤独的自我可以从与上帝的联结中获得慰藉。而在世俗化的文学语境中，孤独的自我只能从艺术审美体验中获得救赎。《哈》剧完美展现了一个从自我质疑的自我到自我质疑的审美体验的过渡，即随着剧情展开，当它所蕴含的延迟的可能性一一呈现时，在一系列的自我否定、自我矛盾、自我超越的艺术活动中，人们的精神得到升华、灵魂获得自由、孤独的自我继而得到释怀。

5　评析代结语

雷切尔·艾森德哈斯的这篇论文是一篇不可多得的文学评论文章，它从微小处入手，最终指向一个宏大主题，堪称文学评论能把芝麻做成西瓜的典范。文章涉及宗教、哲学、文学、美学等领域，视野开阔视角独特，充满与各领域思想大师们的对话，观点颇有原创性与启发性。

文章将《哈姆雷特》著名的戏剧独白上溯到奥古斯丁的宗教沉思，最终又回到“自我是什么”这一哲学命题，并围绕这一话题做了思想史的梳理：从奥古斯丁、亚里士多德、彼得拉克到康德、黑格尔，就“自我、意识、精神”等命题做了宗教—哲学的探讨。她发现无论在神学、哲学还是文学领域，自我都呈现出一种不自洽的状态，它不停地自我否定、自我质疑，始终处于与自身的矛盾与冲突之中。在奥古斯丁的神学那里，上帝的恩典使矛盾的自我得到救赎。然而文学作品中的自我却因缺少神圣力量的救赎而身陷囹圄。或许就个人而言，这无疑是失败和令人沮丧的。然而作者把艺术作品类比为个人化的主体，她认为艺术作品在无法表达自己又不断超越自己的矛盾之中彰显出一种艺术的张力，而艺术审美恰恰在这种看似不可能的悖论之中诞生了。

关于自我与艺术作品的关系问题是这篇文章的另一条线索。这条线索隐含在文章正文之后的注释中。作者提及的观点分别是：奥古斯丁认为“可以把自我当作文学文本考量”的观点；斯道克（Brian Stock）认为文学文本是自足和自我指涉的；伊格尔顿（Terry Eagleton）认为“艺术审美是人类主体的原型”；艾布拉姆斯认为“自足的审美以自身为目标”；黑格尔在分析《哈》剧时说他想要引起理性自我观察的活动；刘易斯在评论《哈》剧时将关注从自我逐步转换到更大的范围——包含自我的作品。这些观点使作者把自我的问题延伸为文学作品问题继而又上升为艺术审美问题的过渡显得水到渠成。

文章还有一个令人印象深刻的特点就是借用形象的隐喻来代替描述复杂的情形或抽象的思想。例如，守夜（比喻人长时间的独处）、被鸟胶粘住的鸟（比喻被世俗生活困住的灵魂）、珀涅罗珀的织物（比喻自我否定又自我超越的艺术作品）。这三个意象刚好对应文章三个部分的主题思想，可以帮助读者更加深刻地理解文章的总体思路与主旨。

文章不足之处在于，由于内容涵盖的领域较多，略显庞杂，有个别问题没有说精说透。例如，文中借用刘易斯的观点时，提到人文主义主体的失败，同时也是后人文主义主体的失败。这里作者并没有做进一步解释，也没有表明自己的态度，有些模棱两可。有关人文主义与后人文主义之争正是当代人面临的困惑，或许这也是文章留给读者继续思考的课题吧。

参考文献

[1] Abrams, M. H. Art-as-such: The sociology of modern aesthetics // Michael Fischer (ed.). *Doing Things with Texts: Essays in Criticism and Critical Theory* [C]. New York: W.W. Norton and Co., 1989.

[2] Ardorno, Theodor W. *Aesthetic Theory* [M]. Trans. Robert Hullot-Kentor. Minneapolis: University of Minnesota Press, 1997.

[3] Arendt, Hannah. *The Human Condition* [M]. Chicago: Univ. of Chicago Press, 1998.

[4] Aristotle. *Art of Rhetoric* [M]. Trans. J. H. Freese. Cambridge: Loeb Classical Library,1926.

[5] Aristotle. *Politics* [M]. Trans. H. Rackham. Cambridge: Loeb Classical Library, 1932.

[6] Augustine of Hippo. *Soliloquies: Augustine's Inner Dialogue* [M]. Trans. Kim Paffenroth. Hyde Park: New City Press, 2000.

[7] Augustine of Hippo. *St. Augustine's Confessions* (*2 Volumes*) [M]. Trans. William Watts. Cambridge: Loeb Classical Library, 1912, 10.33.

[8] Augustine of Hippo. *The Trinity* [M]. Trans. Stephen Mckenna. Washington, D.C.: Catholic University of America Press, 1963.

[9] Bates, Catherine. Shakespeare and the Female Voice in Soliloquy //A. D. Cousins and Daniel Derrin (ed.). *Shakespeare and the Soliloquy in Early Modern English Drama* [C]. Cambridge: Cambridge Univ. Press, 2018.

[10] Battenhouse, Roy W. *Shakespearean Tragedy: Its Art and Its Christian Premises* [M]. Bloomington: Indiana University Press, 1969.

[11] Brown, Peter. *Augustine of Hippo: A Biography* [M]. Berkeley: University of California Press, 2000.

[12] De Grazia, Margreta. Soliloquies and wages in the age of emergent consciousness [J]. *Textual Practice* ,1995, 9(1): 67-92.

[13] Eagleton, Terry. *The Ideology of the Aesthetic* [M]. Oxford: Basil Blackwell, 1990.

[14] Eliot, T.S. *The Wasteland and Other Writings* [M]. New York: Random House, 2002.

[15] Elsendrath, Rachel. The long nightwatch: Augustine, *Hamlet*, and the aesthetic [J]. *ELH*, 2020,87:581-606.

[16] Hegel. *Phenomenology of Spirit* [M]. Trans. A. V. Miller. Oxford: Oxford University Press,1977.

[17] Jameson, Fredric. *The Hegel Variations: On the Phenomenology of Spirit* [M]. London: Verso, 2017.

[18] Lewis, Rhodri. *Hamlet and the Vision of Darkness* [M]. Princeton: Princeton University Press, 2017.

[19] Luther, Martin. *Commentary on Romans* [M]. Trans. J. Theodore Muller. Grand Rapids: Zondervan Publishing, 1954.

[20] Pye, Christopher. *The Storm and Sea: Political Aesthetics in the Time of Shakespeare* [M]. New York: Fordham University Press, 2015.

[21] Shakespeare, William. *Hamlet* [M]// Ann Thompson and Neil Taylor (ed.). London: Thomson Learning, 2006.

[22] Stock, Brian. *Augustine's Inner Dialogue: The Philosophical Soliloquy in Late Antiquity* [M]. Cambridge: Cambridge University Press, 2010.

[23] Stendahl, Krister. The Apostle Paul and the Introspective Conscience of the West // Wayne A. Meeks and John T. Fitzgerald (ed.). *The Writings of St. Paul* [C]. New York: W. W. Norton and Company, 2007.

[24] Sweeney, Terence. God and the Soul: Augustine on the Journey to True Selfhood [J]. *The Heythrop Journal*, 2016, 57 (4): 678-691.

[25] [古罗马]奥古斯丁. 忏悔录[C]，周士良译. 北京：商务印书馆，1963.

[26] [古罗马]奥古斯丁. 论三位一体[C]，周伟驰译. 上海：上海人民出版社，2005.

[27] [古罗马]奥古斯丁. 论自由意志：奥古斯丁对话录两篇[C], 成官泯译. 上海：上海人民出版社，2010.

[28] [英]莎士比亚. 哈姆雷特//莎士比亚全集（七）[C], 朱生豪等译，李跃刚编. 长春：时代文艺出版社，2002.

高校学术劳动模式的新探讨

——《想象一下在美国高校的学术劳动》[1] 一文述评[2]

（四川外国语大学 英语学院，重庆 400031） 万姗

摘要： 高校教师是高校学术生产中的劳动者，是提升高校生产力的主力军。高校教师的职业认同感与归属感直接关系到高校学术劳动的效率，这些与高校学术劳动模式有着密不可分的联系。希瑟·斯蒂芬(Heather Steffen）追根溯源，对美国高校的发展历史进行了梳理与归纳，并选取两个重要时期，即20世纪早期时期和当代时期，以批判性的叙事写作作为研究文本，确定并定义了四种学术劳动模式，即专业模式、工会模式、职业模式和创业模式。通过大量的文献分析与论证，斯蒂芬呈现了特定的社会经济发展状况下，美国高校的学术工作者关于职业认同感与归属感的复杂性和多样性。当前，我国高校人事制度改革不断推进，大学组织结构变革势在必行。实际上，我们可从美国高校的发展经验中得到一些启示，同时结合我国国情和高校发展现状，建立适合我国的高校学术生产的组织结构与制度规范。

关键词： 学术劳动模式；专业模式；工会模式；职业模式；创业模式

---

① Steffen, Heather. Imagining academic labor in the US university. *New Literary History*, 2020, 51(1): 115-143.

② 基金项目：本文系重庆市社会科学规划项目“弗兰纳里·奥康纳小说的身体叙述与现代性焦虑”（2020QNWX67）的阶段性成果。重庆市教委人文社会科学类研究项目“弗兰纳里·奥康纳小说中的国家认同意识研究”（22SKGH270）的阶段性成果。

1 引言

高校教师是高校学术生产中的劳动者，是提升高校“教学生产力、科研生产力和社会服务生产力”（陈何芳，2005：I）的主力军。高校教师的职业认同感与归属感直接关系到高校学术劳动的效率，这些与高校学术劳动模式有着密不可分的联系。所谓“高校学术劳动模式”（Models of University's Academic Labor），是指高校学术生产的组织结构与制度规范，是促进高等教育高质量发展的重要机制。高校学术劳动模式并非一成不变，也不是建立在“真空”之中，而是随着特定的社会经济发展状况而不断改变，高校教师的权利与义务也在诸多改变中做出了相应的调整。

显然，高校教育的核心是高校教师，优质教育需一流的师资队伍作为保障，因此反思高校教师对学术劳动的认同、优化高校教育模式具有重要的现实意义。《想象一下在美国高校的学术劳动》一文中，作者希瑟·斯蒂芬（Heather Steffen）追根溯源，对美国高校发展历史进行了梳理与归纳，并由此推导出高校教师对于学术劳动的意义、目标、价值认同的演变过程。文章开篇，斯蒂芬便将美国研究型高校约一百五十年的历史大致分为三个阶段，分别是19世纪70年代到20世纪30年代、20世纪40年代到70年代、20世纪80年代至今。更进一步，斯蒂芬认为基于社会变迁、政治动态、经济发展等因素，每个阶段之下高校学术劳动模式存在着显著差异，高校教师的职业认同感也不尽相同。为了展示美国高校在一百五十年的时间跨度内的连续性，同时关注关键性变化，斯蒂芬在文中尤其聚焦两个重要的时刻：20世纪早期和当代时期。借助相应时期的批判性叙事作品，斯蒂芬确立并定义了美国高校的四种学术劳动模式，分别是专业模式（The Professional Model）、工会模式（The Unionist Model）、职业模式（The Vocational Model）和创业模式（The Entrepreneurial Model）（Steffen，2020: 116）。总体而言，斯蒂芬依据美国高校发展的时间脉络，多数选取由高校教师撰写、具有代表性的批判性叙事作品作为研究文本，从学术工作者的视角着眼，探究了高校教师对高校学术劳动的认同议题。

2 美国高校发展的三个阶段与四种模式

根据斯蒂芬的划分，美国高校发展的第一个阶段，即19世纪70年代到20世纪30年代，学术工作者致力于提高教师的专业地位、经济地位，实现职业安全、共同治理、学术自由。但是，以“非终身教职教师”（Contingent Faculty）（ibid.: 118）为主要构成的师资队伍，专业化程度有限，高校人才培养速度较缓、质量不均衡。美国高校发展的第二个阶段，即20世纪40年代到70年代，美国高校学术工作者享受到短暂的“黄金时代”（Golden Age）（ibid.: 115）。此阶段，美国形成了以“终身教职教师”（Tenure-stream faculty）（ibid.: 116）为主的教师结构。作为一项重要的现代高等学校教师管理制度，“终身教职制度”（Tenure）（ibid.: 118）有效实现了对学术自由的维护、对教师职业安全的保障、对优秀人才选拔的促进，对深化美国高等教育的发展做出了巨大贡献。美国高校发展的第三个阶段，受到美国的财政紧缩、高等教育市场化和新管理主义等的影响，传统终身教职制度面临严峻挑战，引起了社会各界的广泛质疑。于是，许多院校开始大量地聘任非终身教职教师，掀起了高校教师队伍中的“临时工”现象。斯蒂芬认为，当前美国处于其高校发展的第三个阶段，即20世纪80年代至今，大学内部逐步商业化和私有化，大学外部政治经济不断变革，高校的学术劳动被重新定义。[①] 显然，美国的学术劳动已然不复“黄金时代”的光景，反而类似于20世纪早期以

① See Jencks, Christopher, David Riesman. *The Academic Revolution*. Chicago: University of Chicago Press, 1977.

非终身教职教师为主导师资力量的发展状况（ibid.: 115）。

在这种背景下，斯蒂芬敏锐地意识到美国高校面临着巨大挑战，有必要重审高校学术劳动的组织结构与制度规范，尤其关注高校教师是如何反思学术劳动的意义、价值和目标。基于此，斯蒂芬大胆地提出一系列疑问，例如，教师如何能有效地维护高校教学科研劳动的非市场化价值（Nonmarket Value）（ibid.: 115）？教师如何组织创建更公平、民主、团结的学术机构？教师如何向高校董事会等利益相关者、政治决策者传达学术生活、研究、教学与服务的本质？如何切实保障被边缘化学者和少数族裔教师的权益？如何能够提升学术工作者的话语权，实现集体赋权呢？

在寻求解决疑问的路径时，斯蒂芬认为批判性的叙事作品能够为理解不同阶段背景下，学术工作者对于学术劳动的意义、目标和价值提供了一个窗口。更进一步地，基于具有代表性的批判性叙事写作，斯蒂芬聚焦于20世纪早期和当代时期，确定并定义了四种学术劳动模式：专业模式、工会模式、职业模式和创业模式。在某种程度上讲，这些模式是高校教师职业认同感形成的根源，它们代表了高校教师是如何理解他们与组织机构、社会结构和政治经济之间不同的联系方式，这些联系或限制，或支持高校的研究、教育和学术公共服务。

斯蒂芬认为在19世纪晚期，随着美国研究型高校、学术机构的涌现，传统的学术劳动模式——专业模式，产生并且延续发展至今。专业模式将教师置于高校工作的中心地位。专业模式重视学术自主权、精英管理、专业知识、知识自由，坚持知识获取为共同利益而服务。其特点根植于一种信念，即通过政策干预、学术自治、同行评审、专家评判等措施，从制度层面保证教师的教学科研不受行政权力或其他强势组织的制约，教师的职业安全、学术自由得以有效保障。20世纪早期及中叶，终身教职制度的成功在很大程度上正是得益于专业模式，同时造就了第一次世界大战后研究性高校特权的扩大化，将终身教职与标准学术工作者等同起来。

但是，专业模式并非美国高校学术劳动中的唯一模式。相反，高校教师对其工作的“想象”一直是多元的、复杂的，有时甚至是矛盾的。为了全面理解学术工作者的主观认知，还必须了解另外三种学术劳动模式：工会模式、职业模式和创业模式。实际上，19世纪晚期，伴随着专业精神一起发展的，还有高校学术劳动的工会模式和职业模式。创业模式则是新兴产物，直至20世纪80年代才真正意义上形成。

关于文本来源，斯蒂芬在选择20世纪早期的叙事文本时，主要收集了学术期刊、流行杂志、专著和小说上的大量文章和叙述，其中既涉及名家大师的作品，又涉及名不见经传学者的作品。相比之下，当代关于学术劳动的叙事文本则选自在学术界引起了巨大轰动的“畅销书”。斯蒂芬梳理了对当今高校学术治理具有启示意义的最前沿、最原创的文献，展示一百五十年来美国学术劳动结构模式的演变历程。透过这些经典的叙事文本，斯蒂芬致力于捕捉四种学术劳动模式之下，教师对学术生产的动态理解、对职业生涯发展的期望以及对学术劳动社会意义的深入思考。同时，针对不同的学术工作的分析突破了学科边界、机构类型、就业分类的物质现实，种族、阶级、性别、地区的文化现实限制，实现相互交织、相互作用、融合交汇，从而构成有机整体。

简言之，《想象一下在美国高校的学术劳动》一文，斯蒂芬旨在论证了社会经济发展状况是如何重塑学术劳动模式，并改变高校教师对其职业生涯的认知与想象，促使高校学者重新反思其学术意识形态中的利弊，同时论证了新兴的创业模式使高校教师对学术劳动的意义、目标、价值认同的颠覆性转变。

3　模式一：专业模式

关于学术劳动体系专业模式，斯蒂芬主要选取了20世纪初美国哥伦比亚大学心理学教授詹姆斯·麦基恩·卡特尔（James McKeen Cattell）

的著作《高校控制》（*University Control*）与21世纪初宾夕法尼亚州立大学教授迈克尔·贝鲁贝（Michael Bérubé）与波特兰州立大学教授詹妮弗·露丝（Jennifer Ruth）的著作《人文、高等教育和学术自由》（*The Humanities, Higher Education, and Academic Freedom*）作为研究文本。

20世纪早期，随着现代美国高校教育体系的持续发展，高校教师与外部世界有了更为广泛的接触，其工作生活发生了显著变化。正如布鲁斯·莱斯（W. Bruce Leslie）的观点，“基于专业培训、群体意识、学会组织、职业承诺及学术成果的奖励体系，一种新的（教授）模式已经发展出来”（Leslie, 1979: 246）。简言之，20世纪早期的教师队伍日趋变得专业化。

此背景下，美国高校教师日益觉醒，认为在工作条件、教师招聘和教育事务方面应该扮演更重要的角色。其中，卡特尔便是早期为争取更高薪资、学术自由和共同治理而斗争的代表人物之一，他的生活和工作充分例证了早期专业主义者的观点。在其著作《高校控制》中，卡特尔批判了独裁式的行政管理制度阻碍了科学知识的产生和进步，造成文化的僵化、科学的停滞。因此，卡特尔认为科学家和学者必须得到公众保护、支持和鼓励，并起草了一份代表民主治理制度的计划。除此之外，卡特尔借助加入专业学会组织，诸如美国科学促进会（American Association for the Advancement of Science）、美国心理学会（American Psychological Association）、美国高校教授协会（American Association of University Professors）等，旨在建立起教授群体的集体权威。同时，卡特尔通过参与学术期刊编辑，诸如在1895年至1944年期间担任《科学》（*Science*）期刊的编辑期间，加强了学术界的交流与沟通，构建了重要的合作平台。

贯穿于卡特尔的生活和工作的共同意识形态在于，他认为教师及其工作应该是高校的核心。卡特尔曾经多次在《科学》期刊刊发论文，旗帜鲜明地表明了他所认为的高校的真正意义与价值。

> 受托人和行政官员必须了解到……一所高校的伟大之处不在于建设，不在于捐赠，也不在于学生的数量，而在于人、自由以及给

> 予他们的机会。（Cattell, 1928: 138）
>
> ……
>
> 高校应该……为教授和学者出版发行著作及发表论文提供更多的方式，支付他们参加科学会议的费用，邀请其他机构的学者和科学人员开办讲座、授课，安排教师之间的交流活动等。（Cattell, 1914: 630）

换句话说，卡特尔认为高校应充分保障教授与学者作为专业技术人员的权利与地位，并为他们的专业发展提供资源。

1915年，美国高校教授协会筹备建立之时，卡特尔也参与其中。美国高校教授协会的成立加速了专业模式的发展，促成了社会对学术劳动的主流理解。接下来的近百年时间里，专业模式依然影响深远，不乏大批支持者。其中，贝鲁贝和露丝便是佼佼者。

在《人文、高等教育和学术自由》一书中，贝鲁贝和露丝提倡重返专业模式，建立终身教职制度，从而改善破碎不堪的学术劳动体系现状，改善教师工作条件，保护教师的职业地位（Bérubé & Ruth, 2015: 109）。贝鲁贝和露丝认为，专业模式是一个拥有着百年历史的学术劳动模式，它有利于划定专业人士和非专业人士之间的界限，同时有利于稳定高校核心骨干人才队伍。终身教职制度不仅涉及研究主导型的教师，而且涉及教学密集型的教师。贝鲁贝和露丝认为直至获取终身职位，教师才真正意义上成为专业人士，从而切实保障教师获得专业地位、自主权和治理角色。

当然，贝鲁贝、露丝与卡特尔的观点不尽相同。卡特尔旨在维护从事科研的教师的权利与地位，而贝鲁贝和露丝则将涉及的范畴扩大，将从事教学的教师也列入其中。除此之外，贝鲁贝和露丝敏锐察觉到，“如果我们（教师）希望在21世纪的学术工作条件得到改善，那么高校教师就需要得到利益相关者的支持”（Bérubé & Ruth, 2015: 120）。由此可见，在贝鲁贝和露丝看来，提高高校教师职业地位的主动权并非掌握在高校教师之手，而必须迎合社会的期望与要求，尤其要在控制高等教育资金的学生、家长、选民和立法者心目中树立起专业学者的积极形象。不难看出，贝鲁贝和露丝的论述不仅展现出当代高校教师从事科学探索的信心，而且展现了与信心相矛盾的另一项内容——市场的介入。

正如马加里·萨法蒂·拉尔森（Magali Sarfatti Larson）的观点，“我们（高校教师）发现相对立的意识形态结构间的融合，‘文明功能’和市场导向之间、‘社会防护’和市场安全之间，以及工作的内在价值和外在价值之间的永久紧张关系。”（Larson, 1977: 63）简言之，如果一项职业的生存与发展依赖于某一个特定市场，那么专业人员的行为永远不可能完全实现“大公无私”。因此，专业模式的两个核心特征发生了冲突：专业人士坚持忠诚的公共服务道德，但是他们也争取高的经济和社会地位。专业人士对于特权的主张与他们的利他主义目标相矛盾。置于美国高校背景之下，教师被赋予一种尴尬的身份，一方面他们竭力呼吁和谐社会和经济正义；另一方面，教师却主张区分工作类型，确立不同工种之间的等级制度，形成教师群体的特权意识。

作为回应，自20世纪初以来，一些教师已经逐渐地认同另一种学术劳动模式——工会模式，该模式反对专业主义的技术官僚倾向，并试图将教师与他们服务的公众团结起来。

不难发现，针对学术劳动专业模式跨越百余年的论述，尽管略有不同，但是无论是活跃在20世纪初的卡特尔，抑或是21世纪初的贝鲁贝和露丝，其论述实质上根源于一种群体意识，即由高校教师群体内部共同的活动内容和形式所形成的群体成员共有的心理特征。专业主义者所倡导的自由与平等的对象必然是复数的、集体的，而绝非单一的、个人的。

4 模式二：工会模式

在介绍学术劳动体系工会模式时，斯蒂芬所选取文本不再局限于高校人士的批判性叙事，而是更多涉及非教育系统人士的大量论述。究其原因，斯蒂芬认为，20世纪初对工会模式最为清晰的表达来源于高校之外，相反，只有小部分的高校教师从工会主义的角度重审学术生活。

关于来自校外的工会模式论述，斯蒂芬选取了作家兼政治活动家厄普顿·辛克莱（Upton Sinclair）的专著《正步走：美国教育研究》（*The Goose-Step: A Study of American Education*），无政府主义政治活动家艾玛·戈德曼（Emma Goldman）的论文《知识无产主义者》（“Intellectual proletarians”）。

当然，斯蒂芬认为工会模式对高校领域的部分教师产生了一定的影响。例如，斯蒂芬选取了圣塔克拉拉大学教授马克·布斯奎特（Marc Bousquet）的论文《我们工作》（“We work”），俄亥俄大学教授凯文·马特森的（Kevin Mattson）论文《我如何成为一名工人》（“How I became a worker”），麻省理工学院名誉教授路易斯·坎普夫（Louis Kampf）担任现代语言协会（Modern Language Association）主席时勉励同行的演讲稿等。

根据斯蒂芬的观点，工会模式出现在20世纪早期的少数教师和非学术激进分子中。但是，直至20世纪60年代，工会模式才发展成为一个充满活力、有影响力的学术劳动模式。但是，相比于专业模式，工会主义者拓宽了学术劳动的范畴，除了科学研究外，还包括教学、继续教育、行政服务、社区参与等内容。该模式的基本信念在于承认所有这些活动都是学术劳动形式，同时从事学术劳动的工作者与所有其他工人一样具有共同意愿与诉求。

在定义高校教师职业时，辛克莱在其专著《正步走：美国教育研究》中，曾这样表述：

> 美国几乎没有比工资不足、工作过度、被轻蔑忽视的普通高校教师更可怜的无产阶级了。高校教授必须践行劳工们正在做的“鼓动、教育、组织”……因为如同“工会有力量”的口号适用于手工劳动者一样，它同样适用于大脑工作者。（Sinclair, 1923: 390-454）

一改专业模式之中，将教师尤其是高校教师团体视为特权组织。辛克莱则将高校教师从神坛上拽下，“贬”为“无产阶级”，成为同广大手工劳动者一样为被雇从事体力或技术劳动的一类人。因此，高校教师应该充分发挥工会组织的桥梁纽带作用，促使高校各项工作取得长足的发展。无独有偶，戈德曼将高校教师直接定义为“知识分子无产主义者”（Intellectual Proletarians）。戈德曼批判了教师群体对学术劳动的盲目认知，因其常误认为高校教师比劳动队伍中的工人阶级更加优越（Goldman, 1914: 365）。

当然，面对政治活动家的宣传，少数高校教师亦开始了自我批判。例如，布斯奎特认为教师同行并非“一种特殊的存在”（Bousquet, 2012: 66），马特森则建议教师表现出“谦逊感”，而不是试图寻找专业与智力劳动的特殊情况，甚至鼓励教师接受“工人身份”的事实（Mattson, 2003: 96）。

除此之外，斯蒂芬诠释了工会主义者推动工会模式的诸多策略。

一是引导高校教师关注到劳动条件和生存现状。工会主义者指出教师职业具有高风险性，因为鼓动学术民主和教学自由时，必将参与社区教育与阶级斗争。同时，认识到劳工队伍中大多数人的劳动条件恶劣，如缺乏对学术自由的正当程序保护、稀缺的办公空间、无补偿的服务等，势必阻碍了高校教学质量的提高。

二是深究教师不公正待遇的社会根源。工会主义者从政治经济批判和高等教育社会转型的视角来看待高校教学，将对高校的制度批判纳入其体系之中。工会主义者把高校描绘成一个相互矛盾的机构，它与大企业的紧密联系削弱了其变革进步的潜力。例如，辛克莱剖析了高校受托人和“连锁董事会”的公司、慈善董事会成员之间的联系，列举了学生被征召为罢工破坏者的例子，并透露了高校在采矿、铁路和水果公司等方面的投资行为。工会主义者认为，高校再现了资本主义的社会关系，并参与其政治化和金融化，采用了企业的组织和管理模式。

三是为摆脱困境提供解决路径。工会主义者积极探讨了学术劳动的社会重要性，并提出充满希望的论点，积极推动高等教育的变革。除此之外，工会主义者认为高校教师群体亟需一个强有力的组织，有效保障教师积极参与正义的社会运动与经济活动。此背景下，高校的工会组织提供了一种既改善学术工作条件，又保护和推进高等教育非经济功能的有效手段。

与此同时，斯蒂芬认为工会主义与专业精神的关系复杂。一方面，工会主义者批评了学术专业人士的精英主义和分离主义。工会模式下，高校教师被视为知识分子无产阶级，反对将教师队伍凌驾于劳动队伍之上，认为只有实现跨阶级的团结，才能赢得更高的地位和经济安全。另一方面，工会模式和专业模式对集体、务实和政治有共同的取向，这是有效改善工作和教育条件的明智策略，易于获得更多的公共支持，维护学术自由和实现共同治理。

因此，专业模式与工会模式，在“求同存异”的条件下实现共存。自 20 世纪 20 年代以来，工会主义者和专业主义者皆采取主动行动，应对有弊端的劳工趋势，回应公众对“高质量教育”承诺的不满情绪。但是，斯蒂芬认为二者面临的共同问题是，学术劳动专业模式和工会模式是否能够构建执行力强的组织？它们是否自 20 世纪早期以来便实现广泛流通？为什么很难组织多数美国高校教师积极参与工会、专业团体或管理机构呢？斯蒂芬认为这些问题可在同样出现在 20 世纪早期的第三种学术劳动模式——职业模式中找到对应答案。尽管职业模式尚未被学术工作者准确命名和描述，但是多数高校教师正是透过职业模式视角理解他们的工作，进而导致他们抵制专业主义者和工会主义者所采取的强硬、对立的立场。

5 模式三：职业模式

根据斯蒂芬的观点，与另外三种学术劳动模式不同，职业模式是唯一一个尚未被学术工作者准确命名和详细描述的学术模式。斯蒂芬认为职业模式最初是由玛吉·伯格（Maggie Berg）和芭芭拉·西伯（Barbara K. Seeber）在其著作《慢教授：挑战学院的速度文化》（*The Slow Professor: Challenging the Culture of Speed in the Academy*）中率先提出。这本著作揭示学术圈的隐秘生活，不仅展示它的“痛苦”，也展示它的“快乐”，较为全面地揭示那些被大众忽略的高校教师学术经历。这本书中，他们采用慢速原则（Principles of Slow Movement）（Berg & Seeber, 2016: vii）分析了教师的生活，对高校文化进行概括与批评，并提供策略帮助过度工作的学者实现个人成长和专业提升。正因其诸多优点，该著作从一大堆旨在重新定义高校学者的工作方式和身份认同的书籍中脱颖而出。

职业主义者往往来自边缘化的校园群体，如临时教师、少数族裔学者、初级教师等等，他们重视高校中的专业学习和公民意志培养，也强调了实现这些目标所必需的经济、物质和情感投资。他们对学术工作条件的讨论优先考虑中产阶级的愿望，如经济安全、工作场所和工作生活的平衡等。但是，正是因为职业主义者处于高校的边缘地带，缺乏有效组织与有影响力的代表，职业模式未引起学术劳动者足够的重视。

鉴于此，斯蒂芬在梳理职业模式时，主要选取 3 部小说作为分析文本，分别是马里恩·赫奇斯（Marion H. Hedges）的小说《铁城》（*Iron City*），芝加哥大学的一位教师匿名出版发行的小说《灰塔：校园小说》（*Grey Towers: A Campus Novel*）和小说《在象牙塔的地下室：高校的真相》（*In the Basement of the Ivory Tower: The Truth About College*）。

斯蒂芬详细描述赫奇斯的小说《铁城》，该小说描绘社会学讲师约翰·科斯莫斯（John Cosmus）入职克兰登希尔学院（Crandon Hill College）第一年的故事。原本，科斯莫斯期望高校教学会带来稳定的工作和体面的薪水，但是当学术工作涉及个人、专业、社区冲突与阶级斗争时，他并未准备好如何进行协调处理，最终他被高校解雇了。科斯莫斯对克兰登希尔学院的仇外心理和阶级主义感到越来越沮丧，他呼吁让高等教育为城市服务，成为促进城市发展中的“主要机构”。此外，科斯莫斯认为现代高校的发展因传统学院与城市富豪阶层文化、金融体系的相互渗透而备受阻碍。[①] 基于此，斯蒂芬归纳道，现代性的消极因素——战争、反移民和反德偏见、商业对高校的主导地位——入侵校园，必然浪费有限的教育资源，阻碍高校的健康发展。

如果《铁城》就职业模式中的公民意志培养进行了戏剧化描述，那么《灰塔：校园小说》则展示了职业模式就现代高校的本科教育中对盲目追求“效率”的批判。这部小说记录了研究生雇员琼·巴勒斯（Joan Burroughs）为期十五个月的教学过程。当她开始英语专业的博士项目时，巴勒斯体会到格雷塔大学（Grey Towers University）不符合她的职业期望，因为格雷塔大学是高度排他性的，并充满了偏见。斯蒂芬以小说中的“论文评分”为例，“评分”将学校对于学生的忽视与对教师的剥削联系起来，表明格雷塔大学所展现的“新式”管理倾向，揭示了现代高校中缺乏教育责任和职业道德。在小说的结尾，巴勒斯意识到大学并非她实现职业追求的地方。于是，她毅然退出了研究生院，开始尝试新的事业，希望在那里获得经验和影响力，使她能够在未来从事教育改革工作。[②] 由此，斯蒂芬认为高校管理者所秉持的“效率、监视、把关”原则，最终将不利于学生的成长成材，也势必对教师的创造力造成严重破坏。

虽然职业主义者更加重视高等教育的教化功效、精神财富，而非金钱回报、物质财富，但他们往往将经济窘境和教育困境联系在一起。文章《我的二手服装的偷笑者》（“Snickers at my second-hand clothes”）讲授了教师好奇为什么两个学生在其身后咯咯发笑的故事。当他认出其中一个学生，是他富有的大学同学的儿子，同时意识到该学生可能注意

① See Hedges, Marion H.. *Iron City*. New York: Boni & Liveright, 1919.

② See Anonymous. *Grey Towers: A Campus Novel*. Chicago: Covici-McGee, 1923.

到他——作为一名经济学教授，却穿着一件借来的二手西服。继而引发思考，认为尽管高校教师已默认选择教师这一职业，就选择了清贫的一生，但是当时的物质条件是，高校教师所支付的工资不足以维系做人的尊严（Anonymous, 1920: 159）。小说《在象牙塔的地下室：高校的真相》再现了一个类似的故事，主角X教授每月挣扎于支付抵押贷款之中，他需从事第二份工作，才能维持中产阶级的生活。对于X教授来说，只有在物质生活得以保障前提下，才能推动他继续从事教学科研工作（Professor X, 2011: 2012）。斯蒂芬借此表明，职业主义者对提高高校教师的薪资待遇与生活质量的强烈需求，从而解决中产阶级经济困境与优质高校教学质量之间的矛盾。

斯蒂芬认为将公民责任、教化功用和经济斗争相结合是职业模式的关键特征。公民的道德责任将高校教师与学生、社区联系在一起。当然，同其他的职业一样，教师职业并非能够在真空中生存，它既要与现行经济条件进行坚定对抗，又要强烈拒绝将经济条件作为高校教学的决定因素。最后，斯蒂芬重申了伯格和西伯所提倡的“在专业实践中采用慢速原则”，认为其目的不仅是“减轻工作的压力”，而且是“维护人文教育，抵制企业高校”。斯蒂芬总结道，职业模式的优势在于它对学术工作的教化意义、非市场目标和行为约束的综合认识，同时承认其从业者的道德责任、制度条件和不确定性经济的复杂交叉。但是，当专业主义者和工会主义者为抵制高校的私有化和商业化提出强有力的解决方案时，职业主义者历来缺乏代表性人物、制度改革的理论以及大规模的集体行动。此背景下，创业模式便应运而生。

6 模式四：创业模式

斯蒂芬认为从20世纪早期至现今，创业思维的先驱者偶尔零星出现在专业模式、工会模式和职业模式的表达之中，但直到20世纪80年代，创业模式才实现真正意义上的成熟。依据关注焦点的不同，斯蒂芬又将创业模式分为三个阶段，分别是聚焦于科研及其资助的“第一波学术创业精神”，关注于教材和课程的商品化的“第二波学术创业精神”，致力于将导师制和职业发展服务的商业化实现合并的“第三波学术创业精神”（Steffen, 2020: 129）。

斯蒂芬选取希拉·斯劳特（Sheila Slaughter）分别与拉里·莱斯利（Larry L. Leslie）、加里·罗德斯（Gary Rhoades）合著论著《学术资本主义》(*Academic Capitalism*)与《新经济中的学术资本主义》(*Academic Capitalism in the New Economy*)来诠释第一波与第二波的学术创业精神，探讨了“市场导向”是如何重塑教师对知识生产、教学和劳动的想象。

根据斯劳特的描述，第一波企业主义者通常是受到联邦或州资金补贴的理工科科研人员，他们积极寻求行业伙伴关系，追求技术转移，并将拨款作为启动资金的来源。第一波学术创业精神的核心特征在于尽管创业主义者开设初创企业或建立工作室，但是他们依旧选择任职于高校，并非希望脱离高校教育系统，毕竟高校为防范商业风险提供了良好的庇护所。简言之，第一波学术创业模式致力于在不破坏高校教师职业地位和职业声望的前提下，积极寻求另一种手段维护教师的专业自主权和经济自主权（Slaughter & Leslie, 1997: 5）。

斯蒂芬将第二波学术创业精神等同于斯劳特所说的“学术资本主义知识/学习制度”（Academic Capitalist Knowledge/Learning Regime）的概念，其转变的关键标志在于“教育创业精神”（Educational Entrepreneurialism）的生成（Slaughter & Rhoades, 2004: 37）。斯蒂芬认为市场活动不再是一些理工科教师的额外收入来源。实际上，从20世纪90年代开始，市场活动已渗透到整个高等教育之中。多数美国高校和院系，甚至个别教授，开始从与基础教育、学术研究、咨询服务密切相关的“产品、过程和服务”中增加收入来源，例如创建优质的本科课程、开设新专业课程、授予终端硕士学位、创建在线远程和国际教育、销售教材版权等。现如今，产品与服务的销售成为高校的基本收入来源中的重要一环。当然，伴随着学术资本主义知识/学习制度的广泛传播，势必造成高校中意识形态、经济构成和政策制度的转变。但是，同第一波学术创业精神一样，尽管教师角色实现分离，不再是全职高校教师，但是大多数的创业型教师仍然受雇于高校系统。因此，如果说第一波创业主义者依旧从其市场行为中获得学术声望和地位，那么第二波创业主义者则面临着更大的冲击与挑战，造成了高校教师权威的下降。

尽管第一波、第二波的创业精神依然盛行，但是斯蒂芬认为新兴的第三波创业主义正在加入并重塑了学术劳动模式。第三波创业精神将教师的指导服务工作添加到现有的研究和教学的商业方法中，实现盈利增收。随着它的出现，第三波学术劳动创业模式表现出三个特征，它不仅不同于专业模式、工会模式和职业模式运营方法，而且区别于前两波的学术创业活动。

首先，第三波创业主义者的高校离职率远高于第二波。从某种程度上讲，他们的创业精神被定义为一种“学术叛教”（Academic Apostasy）（131）。斯蒂芬列举了丽贝卡·舒曼（Rebecca Schuman）的文章《论文憎恶》（“Thesis hatement”）与凯蒂·罗斯·格斯特·派尔（Katie Rose Guest Pryal）的文章《自由学者宣言》（“A manifesto for the freelance academic”），指出学术界已然发生变革，教师们纷纷脱离了终身教职，去从事咨询和指导工作。离开高校就业环境后，第三波企业主义者倾向表达一种从高校恶劣的物质条件中解脱出来的感觉。[①]对与第三波企业主义者而言，加大经济流动性、获取等价的劳动价值、实现事业的长足发展只有在高校之外才能得以实现。[②]

其次，第三波创业模式刺激了传统教学科研工作的分离。斯蒂芬选

① See Schuman, Rebecca. Thesis Hatement. Slate, April 5, 2013, http://www.slate.com/articles/life/culturebox/2013/04/there_are_no_academic_jobs_and_getting_a_ph_d_will_make_you_into_a_horrible.html,（2021-11-06 检索）.

② See Pryal, Katie Rose Guest. A Manifesto for the Freelance Academic. Vitae（Chronicle of Higher Education）, October 31, 2014, https://chroniclevitae.com/news/783-a-manifestofor-the-freelance-academic,（2021-11-06 检索）.

取凯伦·凯尔斯基·罗克克莫尔（Karen Kelsky Rockquemore）的工作经历为例证，罗克克莫尔所处的“国家教师发展和多样性中心”（NCFDD）便是由高校创办为教师的学术指导和专业发展提供在线支持的机构。它的成功突出了建议、指导和机构工作的劳动价值，但是这些工作在高校的人才招聘、职称晋升、终身教职获取决策中往往是不被充分考虑的。[①]因此，第三波创业主义者敏锐地观察到传统的终身教职制度已过时且低效，它的存在严重贬低了从事教学、科研、行政等“多肩挑”教授的劳动价值。

此外，第三波创业主义者显然不满足于离开高校、解除劳动关系，甚至希望破坏高等教育机构的现有运作机制。例如，哈佛大学的商科教授克莱顿·克里斯坦森（Clayton Christensen）于1997年提出“颠覆性创新”（Disruptive Innovation）（Christensen, 1997: 13）的概念，政治学家、历史学家克莱德·巴罗（Clyde W. Barrow）在其著作《企业高校的创业知识分子》（*The Entrepreneurial Intellectual in the Corporate University*）中同样表明一批创业主义者正在产生并传播一种惊人的破坏力（Barrow, 2018: xi-xii）。斯蒂芬着重介绍巴罗的相关思想，巴罗逐渐对专业主义者和工会主义者对高校学术劳动想象感到失望，认为高校教师必须放弃“象牙塔”的理想。同时，巴罗指出高校对于创业知识分子而言，是一个敌对的环境，教育创业精神为广大教师提供了颠覆传统高校、建立创业高校的有利机会。此外，巴特认为目前“创业高校”的概念只是存在于企业精英和政府管理人员头脑中的一种新兴观念，只有当真正从事过教学科研的高校教师理清盘根错杂的教育体系后，创业高校才会真正出现。在巴罗的批评中，他无不表现出高校教师的独一无二性与不可或缺性，认为高校作为官僚机构，应被视为改善高校教师的物质条件和推动知识创新转型发展的最大障碍。巴罗主张通过在高校内部建立创业主义者阵型，促成高校内部的瓦解，实现颠覆传统型高校的终极目标。

① See Rockquemore, Kerry Ann. Shifting Your Mindset. Inside Higher Ed, July 14, 2014, https://www.insidehighered.com/advice/2014/07/14/essay-difference-between-academicand-entrepreneurial-mindset，（2021-11-06 检索）.

不难发现，传统的学术劳动模式——专业、工会和职业模式——坚持一种共同的服务精神，赋予了学术工作以社会功用价值。但是，创业模式，尤其是第三波创意精神是一种以市场为导向的劳动力方法，试图颠覆传统学术劳动模式，更加强调学术劳动的经济价值与高效机动性。

7　结论

《想象一下在美国高校的学术劳动》一文中，斯蒂芬梳理和概括了美国高校自20世纪初以来的四种学术劳动模式，同时归纳和总结各自的主要特征、组织形式、代表人物以及在应对不断变化的政治制度、经济条件、阶级斗争、职业道德等挑战所采取的途径与措施。通过大量的文献分析与启发式论证，斯蒂芬呈现了特定的社会经济发展状况下，美国高校的学术工作者关于职业认同感与归属感的复杂性和多样性。同时，斯蒂芬并非仅关注于不同学术劳动模式的“个性”，相反，他试图打破身份、等级、学科、机构类型和地区之间的差异，在四种学术劳动模式中寻求问题的“共性”。

通过细致对比美国高校发展的三个历史阶段与高校学术劳动的四种模式，斯蒂芬深入探讨了如何组织创建更加公平、民主、团结的学术机构，如何保障教师的职业安全，使得教师能够摆脱经济、政治及其他不利因素的影响，潜心教学科研等议题。在文章的结论部分，斯蒂芬含蓄表达了自己的观点，认为采取集体组织依旧是最佳选择，只有这样才能更好地继承优良传统和制度，结合时代变化和实践发展，理解高校学术劳动者的隐性观念和劳动经验，维护高校学术劳动者的权利，推动美国现代高等教育的持续发展。

当前，我国高校人事制度改革不断推进，大学组织结构变革势在必行。实际上，我们可从美国高校的发展经验中得到一些启示，同时结合我国国情和高校发展现状，建立适合我国的高校学术生产的组织结构与制度规范。正如斯蒂芬的观点，不管人们对于高校学术劳动的立场如何，有必要通过美国高校发展史中的四种学术模式来反思高校的学术劳动，提高学术工作者在教学、科研和人才培养等方面的综合能力，健全高校教学管理制度，提升教育教学水平。

参考文献

[1] Anonymous. Snickers at my second-hand clothes [J]. *American Magazine*, 1920 (89): 159.

[2] Barrow, Clyde W.. *The Entrepreneurial Intellectual in the Corporate University* [M]. New York: Palgrave Macmillan, 2018.

[3] Berg, Maggie & Barbara K. Seeber. *The Slow Professor: Challenging the Culture of Speed in the Academy* [M]. Toronto: University of Toronto Press, 2016.

[4] Bérubé, Michael & Jennifer Ruth. *The Humanities, Higher Education, and Academic Freedom: Three Necessary Arguments* [M]. New York: Palgrave Macmillan, 2015.

[5] Bousquet, Marc. We Work // Jeffrey J. Williams & Steffen (eds.). *The Critical Pulse: Thirty-Six Credos by Contemporary Critics* [C]. New York: Columbia University Press, 2012.

[6] Cain, Timothy Reese. *Establishing Academic Freedom: Politics, Principles, and the Development of Core Values* [M]. New York: Palgrave Macmillan, 2012.

[7] Cattell, James McKeen. Research and teaching in the university [J]. *Science*, 1914, 40 (1035): 628-630.

[8] Cattell, James McKeen. The scientific men of Harvard and of Columbia [J]. *Science*, 1928, 67 (1727): 135-142.

[9] Christensen, Clayton M. *The Innovator's Dilemma: When New Technologies Cause Great Firms to Fail* [M]. Boston: Harvard Business Review Press, 1997.

[10] Goldman, Emma. Intellectual proletarians [J]. *Mother Earth*, 1914, 8 (12):

363–370.

[11] Larson, Magali Sarfatti. *The Rise of Professionalism: A Sociological Analysis* [M]. Berkeley: University of California Press, 1977.

[12] Leslie, W. Bruce. Between piety and expertise: professionalization of the college faculty in the "Age of the University" [J]. *Pennsylvania History*, 1979, 46 (3): 245-265.

[13] Mattson, Kevin. How I became a worker //Benjamin Johnson & Patrick Kavanaugh & Kevin Mattson (eds.). *Steal This University: The Rise of the Corporate University and the Academic Labor Movement* [C]. New York: Routledge, 2003.

[14] Professor X (pseud). *In the Basement of the Ivory Tower: The Truth about College* [M]. New York: Penguin, 2011.

[15] Sinclair, Upton. *The Goose-Step: A Study of American Education* [M]. Pasadena: Upton Sinclair, 1923.

[16] Slaughter, Sheila & Gary Rhoades. *Academic Capitalism in the New Economy: Markets, State, and Higher Education* [M]. Baltimore: Johns Hopkins Univ. Press, 2004.

[17] Slaughter, Sheila & Larry L. Leslie. *Academic Capitalism: Politics, Policies, and the Entrepreneurial University* [M]. Baltimore: Johns Hopkins Univ. Press, 1997.

[18] Steffen, Heather. Imagining academic labor in the US University [J]. *New Literary History*, 2020, 51 (1): 115-143.

[19] 陈何芳 . 大学学术生产力引论 [D]. 华中科技大学，2005.

语言学与应用语言学研究

基于复杂适应系统的语言互动研究

——《构式语法中的认知：连接个人语法和社群语法》[①] 一文述评[②]

（四川外国语大学 研究生院，重庆 400031） 刘德林

摘要：语言作为复杂适应系统存在于个人语言和社群语言两个层面，虽然已在理论层面有所建树，但实证研究仍比较匮乏，尚有一些问题需要回答。基于此，《构式语法中的认知：连接个人语法和社群语法》一文基于 50 位早期现代作家的历时语料库，以 EC 模型为理论框架，分析介词被动构式在早期现代英语中的扩展情况来考察个人语言与社群语言变化如何相互作用。研究发现，代际和寿命的变化都有助于整个社群中介词被动构式的增加。言语者之间的变异越大，介词被动构式的增长速度越快。此外，个人生命周期内构式不会发生较大变化，但个体间的差异有助于提高社群层面的能产性。本文在介绍其内容的基础上简要述评。

关键词：个人语言；社群语言；介词被动构式；变化

---

① Anthonissen, Lynn. Cognition in construction grammar: Connecting individual and community grammars. *Cognitive Linguistics*, 2020, 31(2): 309-337.

② 基金项目：本文系重庆市社会科学规划青年项目“《汉英词典》（第三版）兼类词表征策略研究”（2020QNYY72）及四川外国语大学 2020 年科研项目“《汉英词典》（第 3 版）兼类词表征策略研究”（项目编号：sisu 202041）的阶段性成果。

1 引言

作为复杂适应系统的语言，呈现出“分布控制和集体涌现”“内在多样性”“动态永恒性”等七方面的特点（Beckner，*et al.*，2009：14–18；杨旭、王仁强，2015）。也就是说，语言存在于个体和群体两个层面，即个人语言和社群语言，两者既有区别，又有联系，相互依赖和影响，同处于变化和重组中。虽然近年来在理论上取得了较大的成就，但仍缺乏实证进一步的检验。尚有一些问题需具体答案，如语言变化从何而来？影响语言变化的因素有哪些？存在于两个层面的语言之间有怎样的关系？个人语言对语言系统有怎样的影响？个人语言随着时间的推移是否有所变化？

有鉴于此，认知语言学国际期刊 *Cognitive Linguistics*（《认知语言学》）于 2020 年第 2 期刊发了“语言中个体特征的构式研究方法”（Constructionist approaches to individuality in language）特辑，共 7 篇文章，从不同角度对以上相关问题进行了探讨。本文从研究问题、理论框架、研究语料和方法、研究结果和发现、结论等方面对该辑的第 6 篇文章进行介绍，并在此基础上进行简要评价。

2 内容简介

2.1 研究问题

该文所考察的是社群层面的变化如何与个人层面的变异或变化互动的问题，因此，作者以早期现代英语介词被动构式的扩展为案例。选择介词被动构式的原因在于其扩展阶段较长，非常适合研究个体层面的纵向变化和社群层面的规约化过程。然而，就目前的研究来看，社群层面的较多而个体层面较少。此外，虽然已有学者指出两者的差异，且在理论上取得了较大的成就，但个人语言的实证研究相对匮乏。因此，该文以 50 位作者为依托，考察介词被动用法在早期现代英语中的扩展情况，旨在回答以下两个问题：一是变化从何而来？语言变化是只发生在代与代之间，还是也贯穿于个体言语者的一生中？二是固化过程在长期变化中的作用是什么？

2.2 理论框架

复杂适应系统的语言观认为，语言结构来自相互关联的经验、社会互动和认知过程模式（Beckner，*et al.*，2009：2）。Schmid（2015，2020a）的固化—规约化模型（Entrenchment-and-Conventionalization Model, EC Model）进一步阐释了这个观点，因此，将作为该文的理论框架。

Schmid（2020a：3–9）将语言形象地比喻为一台丁格利机器，认为语言的运作方式同该机器一样，语言是由包含言语者活动的用法事件驱动的。具体而言，EC 模型主要由三个部分组成：用法、固化（在个体言语者中塑造语言知识的认知过程）和规约化（在言语社群中塑造语言规约的社会过程）。

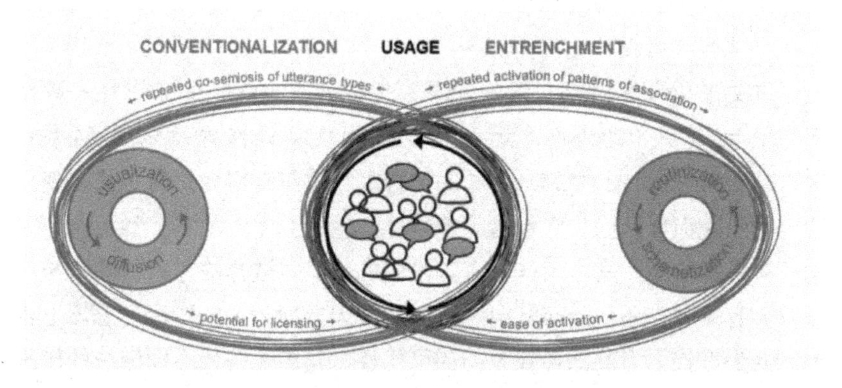

图 1　EC 模型（改编自 Schmid 2020: 第 1.2 节）

如图 1 所示，该语言模型的中心是用法事件，它启动规约化和固化的循环。反馈回路表示规约和个人语言知识是如何通过重复的交际行为建立、维持并相互影响。根据 Schmid（2020a：4）的观点，如果用法事件以相同或相似的方式重复，如图中的黑色圆圈所示，那么重复的方面就会在社群中被规约化为如单词和模式等的话语类型，而被固化为个体言语者头脑中的联想模式。反过来，规约化和固化也有利于用法重复，因为伴随着规约化程度的提高，在言语社群中许可用法事件的潜力也越来越大，而固化程度的增加则有助于个体言语者的激活。

如图所示，规约化包括习惯化和扩散两个过程，前者指一个特定的模式在多大程度上被作为一种约定俗成的手段来实现特定的交际目的，而后者指一种模式在社群中的传播。固化被定义为个人语言知识在社会交往中作为使用功能的持续适应，包括常规化和图示化，它们加强了说话者大脑中的关联模式，而关联模式取决于重复出现的表达方式或模式的频率和变化。

Anthonissen（2020：313）指出，通过描述认知过程和社会需求之间的平衡，EC 模型还阐明了寿命变化的问题。该模型预测，整个生命周期中的构式演变是可能的，但其本质将取决于所涉及的各种过程的相互作用。

2.3 研究语料与方法

2.3.1 数据来源

该文采用大规模纵向语料库考察认知和社会过程的动态性。数据来自 Petré 等人（2019 年）设计的早期现代多语作家（Early Modern Multiloquent Authors，EMMA）的语料库，这是专门为代内和代际变化的定量研究而设计的。它包含了 17 世纪出生的 50 位最多产的英国作家的所有书面作品，其中大部分来自伦敦的精英。选择的作家，除了与伦敦协会有关外，还包括与社会、政治和文体方面相关的作家。总体上将作家分为五代。为确保各代人间的可比性，其中每一代不同流派的作家分布大致相当。

2.3.2 具体步骤

第一步：建立小型语料库。出于本研究的目的，作者从 EMMA 中现有的文本中进行了选择，生成了 1700 万字的样本（大约是 EMMA 的 1/5）。以五年为单位对每位作家的写作生涯进行划分（从最早的作品开始），每个时期的文本大约包含 50000 字，且尽可能在这五年内选择语料。跨越不同年代的目的在于获得相对稳定的流派分布。最终的文本叫做 EM（EMMA Medium），它与 EMMA 完全兼容，因此，可以用做独立的语料库。

第二步：语料检索。由于该语料库没有做句法分析（也没有词性标记），并且介词被动可能会出现在范围广泛的动词—介词组合中，所以必须使用正则表达式来检索语料（高召回率，低精确率）：be 动词后跟以 -d，-t 或 -n 结尾的词（有可能是分词）和一个介词（35 个介词之一），be 动词和介词之间的最大词数为三个，以此来检索复杂的介词被动语态；对不规则分词进行单独检索；手动筛查不符合的类型后对剩余的实例进行分析，在没有 be 动词的情况下单独检索 542 种类型的介词被动中的动词类型，以此检索连词的情况，因为在这些用法中助动词和分词可能相隔较远。最终得到 5701 个用例，这些用例被编码为不同的语义和形式变量。

此外，该文中 5.2.2 节中还聚焦于出现在介词被动语态中的动词—介词组合的固化，以确定主动语态中的使用强度与被动语态中使用强度之间的关系。因此，作者通过正则表达式来检索出现在介词被动中的动词—介词组合的主动形式，该正则表达式将单个动词词干与可能的结尾相结合，然后是相关介词。随后人工筛除不相关的数据，比如名词用法（*the accounts of that time* for a query with ACCOUNT OF）、动词不定式（*I have written to let you know* for a query with WRITE TO）等。出于可行性考虑，该项额外的研究仅限于第 1 代和第 2 代作家（21 位作家，共查询 395 种不同的动词—介词组合），共计 27732 个主动实例。

2.4 研究结果和发现

2.4.1 个人与社群变化的出现

就社群总体层面而言，EM 语料库的结果证实了先前关于介词被动构式在早期现代英语中迅速传播的观点，因此，需要考虑的是言语社群的变化与个人言语者行为之间的关系问题。对每一代作家的归一化频率分析表明，一代又一代的作家把介词被动语态的频率提高到了比早年出生的同龄人更高的水平，第 1 代和第 3 代作家之间的中值或多或少稳定；第 3 代和第 4 代之间的频率大幅跃升，随后第 5 代出现较小的增加。将这些结果与每代的变异范围进行比较，由此得出结论，当言语者之间的变异最大时，介词被动构式的增长最快。这些结果与前人有关变异性与变化之间的相关性一致，即在变化快速增长时，言语者之间的变异更大。

在确定了代际变化在介词被动词的兴起中发挥了重要作用以后，试图确定代际变化是否伴随着寿命变化。尽管基于用法的构式语法原则上支持这样一种说法，即言语者在其语言知识被经验重塑的过程中会继续适应，但是对个体内部纵向变化的实证研究很少，特别是在句法领域。EM 语料库对单个作家的作品收录较全，因而提供了可靠的生命周期数据。对 50 位作家整个生命周期的归一化频率分析及对作家的生平信息（如专业实践、规范的语言意识、社会身份等）的分析表明，随着寿命的增加，在社群层面的介词被动构式也随之增加。

总之，以上结果表明，代际和寿命的变化都有助于整个社群中介词被动构式的增加。此外，还说明言语者之间的变异越大，增长速度越快。

2.4.2 重复使用的认知和语言影响

在确定介词被动语态使用的增加受代际和代内变化的影响后，下面将进一步分析固化和规约化过程在构式演变中的作用。具体而言，下面将聚焦于构式与其搭配的词汇项之间的相互作用的相关频率效应。借鉴 Schmid（2017：11–12）对固化过程的调查，下面讨论涉及介词被动构式使用的两个与重复相关的决定因素：类型重复（type repetition 影响介词被动图式的固化和规约化）与实例重复（token repetition 影响 VP 组合的固化和规约化）。

（1）类型重复

17世纪时，介词被动语态已经确立，并在V-P搭配中使用范围较广。因此，我们可以假设EMMA语料库中的作者在童年时期就获得了可变的介词被动图式，尽管个人的抽象程度和词汇偏好可能会有所不同。影响语言习得中这种心理图式的出现及在成年时期的表征和使用的一个重要因素是类型重复，即可变图式的重复使用。类型重复与许多认知及语言学影响有关，最显著的是可变图式的（认知）强化和（语言）能产性（Schmid，2017）。

传统上，语言槽被认为是句法能产性的主要决定因素，在这里可以理解为构式的可扩展性。对累积类型频率的分析表明，在社群层面，介词被动构式继续拓展至新的V-P组合。对542类介词被动构式的分析证实该构式在早期被广泛使用，且依然有很大的扩展潜力。因此，在群体层面，正如前面讨论的数量频率变化伴随着质量变化（扩展到新类型）。然而这种群体层面的概括是否反映了认知图示化？代际与个人之间的语类—语符比率（TTRs）对比不可避免地具有欺骗性，因为语料库的大小是变化的，语符频率与语类频率之间的关系是非线性的。然而，我们可以通过比较某个作家的早期和后期用法来确定在生命周期内图式性、能产性是否有所提高。按时间对每个EMMA作者的实例进行排序并将它们分成A，B两个相等的组以保持语符频率恒定，通过计算和对比每个作家的两个组的语类—语符比率发现，个体的生命周期中没有实质意义的语类—语符比率差异，即他们对构成的使用在前期和后期变化均不大。

总之，TTR的寿命稳定性表明个人用法没有重大的质的变化。这与社群层面出现的这种变化并不矛盾；事实上，如下文所示，社群层面的扩展可能源于个体语类重复的变异性。

关于个人层面行为的三个额外观察与介词被动构式的能产性增加相关。首先，虽然TTR保持相当稳定，但A、B的划分并不总是完全对应作者的职业生涯。虽然在整个生命期中，频率增长较快的作家在A和B

两个阶段所使用不同类型的数量大致相同，但这些类型的历时分布是不均匀的，因为B组的时间要更短。其次，言语者在第一阶段所运用V-P组合并不全面，在第二阶段出现了一些在第一阶段所没有的用法。第三，仔细观察言语者的词汇偏好发现，尽管个体都共用一些类型如look（up）on, speak of, agree（up）on和make use of等，但是有一些仍然为个体所独有的，也就是说，个体固化的一些类型并没有扩散到范围更广的言语社群中。但介词被动构式的图式表征和使用的微小的个体差异，维持并增加了构式在言语社群中的变异性，这有助于其扩展到新的表达方式，并导致其用法模式的历时变化。

（2）实例重复

在字符串的线性关系中所涉及的主要的一般领域的认知能力是组块和自动化；语言影响包括融合、搭配的出现、组合性的丧失（词汇化）和内部组合关系的固定（Schmid，2017）。这与本研究的理论框架直接相关，该框架中两个因素可以预测介词被动语态中V-P序列的出现：固化程度（V-P共同出现的频率）和语义（与被动构式的兼容性）。由于固化是非离散的，因此作者将搭配得当作为V-P字符串固化的基本要求，且将其作为在V-P组合使用强度的定量研究中的梯度度量。该分析试图确定动词和介词在主动构式中共同出现的频率（大致上即，V-P组合的固化/规约化）在多大程度上影响它们在介词被动构式中的频率。这种关系以线性回归来模拟。

如前所述，此处的分析将限于第1、2代作家所使用的V-P组合的主动用法，共计27732条。需要注意的是，总体的语符频率与个人固化（认知关联的强度）不是一一对应的，但它们确实表明哪些V-P组合可能会在个人言语中固化，因为在言语社群中的用法增加了个体头脑中的激活和联想。

将一个特定的V-P组合在介词被动构式中的（所有作者的用法总量）实例频率作为因变量，该组合在主动构式中的语符频率和适应（介词被动构式的扩散程度）作为自变量。适应共分为三个层次：新奇的（只有一位作者使用）、早期的（不到一半的作者使用）、规约化的（超过一半的作者使用）。随后用线性回归模拟给定的 V-P 组合在介词被动构式中的频率。

结果证明，介词被动构式中 V-P 组合的频率由 V 和 P 共同出现的一般频率预测，前提是它在介词被动构式中的使用已经扩展到一定数量的说话者中（即规约化）。总的来说，在介词被动构式中最成功使用的词汇序列是在 EC 模型中规约化的两个维度上得分较高的：习惯化（它们是表达特定概念的既定方式，如频率所证明的）和扩散（在介词被动构式中很多作者使用的搭配）。

语义分析揭示了 V-P 组合与一般相关性的最大偏差。我们发现那些在介词被动构式中是独特的或能产性较低的 V-P 组合，却有很高的共现频率，如 come（un）to, go（un）to, enter into, walk in, fall（up）on 等，这些主要是身体活动动词，其中的介词短语调用的是目标或位置而不是受事的题元角色。因此，这些词不太可能在介词被动构式中广泛使用。只有在组合性程度较低且更像是一个简单及物动词的比喻用法中，它们才与被动结构兼容，因此才可能出现在介词被动构式中。但即使是那些主要用于隐喻意义的表达（比如 depend（up）on）也可能无法被用于被动构式中，因为它们常与话题主体相关，而话题主体常通过主动构式来表达，与此相关的是主被动构式的语义偏好不同。然而，与此相反的是，有些 V-P 组合相比其在主动语态中的用法较少，但在被动中的用法出乎意料的多。类似的词如 evil-speak of, do by, connive at, conclude（up）on, contend about 等，它们更为复杂。一些是之前被挑出来作为特殊的或特定说话者群体独有的（如 do by, glance at 等），使用这些的言语者有可能习惯使用较低层级的被动结构，例如，经常使用较长的字符串就证明了这一点（do as you would be done by 和 is/are to be turned away from）。另一组动词似乎特别符合被动构式的功能特征。在表示消极评价的表达中（evil speak of, spit（up）on, turn away from），被动主语在情感上受到影响，因此表达了一种与被动结构原型相关的关系。还有一些 V-P 组合虽然受影响程度不太明显，但是也描述一种情况——受事可能比施事更为突显，更适合做主语。

总而言之，以上结果表明固化、规约化与语义之间的复杂互动。实例重复驱动了固化和规约化的循环，但某个特定的 V-P 组合是否会在被动构式中得到有效使用，最终取决于它与构式语义的匹配。

2.5 结论

该研究以一个由 17 世纪伦敦精英、跨越五代的 50 位作家组成的群体为依托，研究了个人和社群层面变化的互动。该研究分析的第一部分记录介词被动构式在社群层面的增加，研究表明代际和寿命变化对宏观层面的变化发挥了重要作用。通过实时考察个体行为，该研究旨在增进我们对个体变异的程度、性质以及寿命变化可能性的理解。对言语者的比较发现了大量的异质性，清楚地表明群体趋势对个人认知几乎没有影响。个人行为的某些方面可以通过个人生平信息来解释，其他方面可以通过研究群体动态（例如，年龄群体、实践社区等）来解释。因此，结果显示了变异和系统性是如何从言语者独特和共享的经验中产生的。变异和变化被证明是相关的：当言语者之间的变异性相对较高时，频率的增长速度最快。

分析的第二部分考察两类重复使用的认知和语言影响。类型重复与语言的能产性、图示化的认知过程相关。介词被动构式在社群层面的能产性较高，个人层面的类型分布考察并没有清晰表明生命周期内发生质的变化，但说明了言语者对介词被动图式的表征不同。这些个体层面的差异促进了可变性，从而促进了语言总体层面的能产性。对 V-P 组合语符重复在介词被动构式中使用频率的考察证实了共现频率的积极影响，尽管这种关系较为复杂。言语社群（言语社群中的扩散程度）及构式独特性（与被动语义的兼容性）二者共同决定了某个 V-P 组合在介词被动构式中的能产性。

语言变化究竟来自何处？作者认为，语言变化源于个体与社会过程的复杂互动。现实的复杂性要求我们仅仅从宏观层面考察是不够的，因此，在更大的背景和不同的抽象层次中考察个体，该研究是探索复杂适应系统各组成部分之间的相互作用的初步探索。

3 简要述评

本文以介词被动构式在早期现代英语中的历时扩展为例，以EC模型为理论指导，基于历时语料库考察社群层面的变化与个体层面的变化之间的关系问题，该文的重要意义体现在以下几个方面：

首先，实现了理论与实证的有效融合，验证了EC模型的解释力。EC模型集认知、语用、社会于一体，论证了语言系统的动态性，兼顾稳定性和易变性等，其强大的解释力既是其优点，然而因其难以进行实证检验，又是其缺点（Schmid，2016:555；刘兴兵，2020）。理论与实证研究二者相辅相成，密不可分。理论框架有待实证的进一步检验，而实证则可以推动理论的进一步完善和补充。EC模型是一个解释语言系统如何运转的新理论，但是有待于实证研究的检验。而证明一个假设或理论成立的来源之一就是历时语料（石毓智，2007）。因此该文以介词被动语态的历时拓展为切入点，在EC模型的指导下，考察个人语言与社群语言二者如何互动的问题，实现了理论与实证的有效融合，进一步论证了EC模型的解释力。同时，也为未来的研究奠定了一定的基础。正如Anthonissen（2020：334）所言，该研究是考察复杂适应系统间各要素如何互动的初步探索，未来的研究可沿此思路继续迈进。

其次，进一步证明EC模型用于历时构式语法研究的有效性。历时构式语法是构式语法研究的新思路，结合了构式语法、历史语言学及语言演化理论，旨在通过考察构式演化的过程、途径和动因以探求构式形成和演化的一般规律，从而揭示人类的认知规律和语言能力（文旭、杨坤，2015）。Gregersen（2018）认为历时构式语法还存在不足，尚需解决三个问题，其一是“构式究竟指个人语言能力还是指言语社群的整体抽象”。Schmid（2020b）认为EC模型可有望解决这一问题，因为其强调在研究语言变异和变化时要注意区分个人知识和社群规约，因此，EC模型有助于解决历时构式语法之不足。该文通过考察介词被动语态的历时变化来探析语言变化的动因及影响因素，较好地呈现了基于EC模型的历时构式语法研究。

再者，本研究较好地呈现了历时构式语法的研究方法。文旭、杨坤（2015）认为，历时构式语法的研究方法主要有三种结合或三对辩证关系，即历时与共时结合、描写与解释结合、内省分析和语料库方法结合。作者将50位作家置于5个年龄段内考察其生命周期内的代际变化，既可从历时层面考察变化，又可从共时层面发现差异性。对语料的描写是解释的基础，本文基于对50位作家的作品整理并统计相关用法的基础上分析了语言的变化及个体的差异。此外，依托语料库方法检索后的语料仍需要人工筛除不符合用法，对语料的分析也离不开个人主观的判断，因此，二者也密不可分。

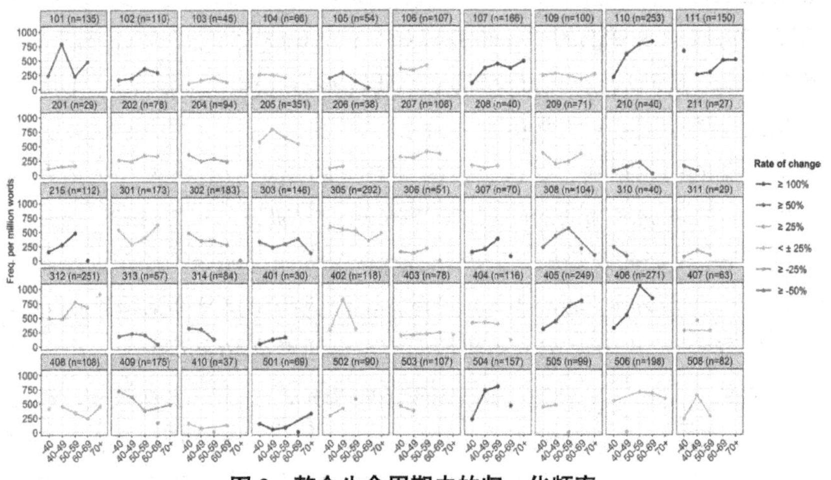

图2　整个生命周期内的归一化频率

总而言之，该文以EC模型为理论框架，以历时语料库为依托、介词被动构式为切入点，考察了语言变化的成因及个人语言与社群语言二者如何互动的问题，做到了理论与实证相结合，进一步验证了EC用于历时构式语法研究的可行性，较好呈现了历时构式语法的研究方法，为进一步的研究奠定了基础。

诚如前述，语言是一个复杂适应系统，具有永恒的动态性，其间复杂的关系有待于进一步的研究和考察。正如Anthonissen（2020：334）

在文末所言：作为复杂适应系统语言中存在多种关系，我们就像盲人摸象一样，只有综合多方面内容，采取多元方法，才有可能窥其全貌。这与王寅（2021）为汉语成语“窥斑见豹”“盲人摸象”平反不谋而合，不同学者从不同的角度研究语言，提出不同的理论，充分说明了语言的复杂性和多元化。正如盲人只能摸到大象之一二，人们透过细管只可窥得豹之斑点，我们不可能仅凭某种理论就能观语言之全貌，只能走在探求语言本质的道路上，因此要复杂性思维看待语言，倡导多元的研究方法。

参考文献

[1] Anthonissen, Lynn. Cognition in construction grammar: Connecting individual and community grammars [J]. *Cognitive Linguistics*, 2020, 31(2): 309–337.

[2] Beckner, Clay & Ellis, Nick C. et al. Language is a complex adaptive system: Position paper [J]. *Language Learning*, 2009, 59(s1): 1–26.

[3] Gregersen, Sune. Some (critical) questions for diachronic construction grammar [J]. *Folia Linguistica Historica*, 2018, 39(2): 341–360.

[4] Petré, Peter & Anthonissen, Lynn. et al. Early Modern Multiloquent Authors (EMMA): Designing a large-scale corpus of individuals' languages [J]. *ICAME Journal*, 2019 (43): 83–122.

[5] Schmid, Hans-Jörg. A blueprint of the entrenchment-and-conventionalization model [J]. *Yearbook of the German Cognitive Linguistics Association*, 2015(3): 3–25.

[6] Schmid, Hans-Jörg. Why Cognitive Linguistics must embrace the social and pragmatic dimensions of language and how it could do so more seriously [J]. *Cognitive Linguistics*, 2016, 27(4): 543–557.

[7] Schmid, Hans-Jörg. A framework for understanding linguistic entrenchment and its psychological foundations // Hans-Jörg Schmid (ed.). *Entrenchment and the Psychology of Language Learning: How We Reorganize and Adapt Linguistic Knowledge* [C]. Berlin: De Gruyter Mouton, 2017.

[8] Schmid, Hans-Jörg. *The Dynamics of the Linguistic System: Usage, Conventionalization, and Entrenchment* [M]. Oxford: Oxford University Press, 2020a.

[9] Schmid, Hans-Jörg. How the entrenchment-and-conventionalization model might enrich diachronic construction grammar: The case of (the) thing is (that) [J]. *Belgian Journal of Linguistics Volume*, 2020b, (34): 306–319.

[10] 刘兴兵 . 固化—规约化模型：一个解释语言运转的新理论 // 张旭春主编 . 国外英语语言文学研究前沿（2017）[C]. 北京：北京大学出版社，2020.

[11] 石毓智 . 语言学假设中的证据问题——论“王冕死了父亲”之类句子产生的历史条件 [J]. 语言科学，2007(04): 39–51，2–13.

[12] 王寅 . 体认语言学的象豹观与语言研究的多元化 [J]. 当代外语研究，2021(1): 2，38–43，53，

[13] 文旭，杨坤 . 构式语法研究的历时取向——历时构式语法论纲 [J]. 中国外语，2015(1): 26–34.

[14] 杨旭，王仁强 . 语言乃是一个复杂适应系统：立场论文 [J]. 英语研究，2015(2): 86–105.

外语课堂教学媒介语新视角

——《生态观视域下的外语课堂多语教学实践：一项个案对比研究》[①] 一文述评 [②]

（四川外国语大学英语学院 四川外国语大学研究生院，重庆 400031） 杨金龙 王振欣

摘要：美国明尼苏达大学 Anuradha Gopalakrishnan 教授以语言生态观为基础，讨论了在外语课堂教学中使用多语种作为教学媒介语的实践可能，并选择美、印两地的外国语学校进行了个案对比研究。研究发现，多语教学模式的实施受教师的个体差异、学生的个体差异、当地教育部门的相关政策、教学资源、教师职业培训、当地的语言多样性、教师之间的沟通与合作等诸多因素的影响。本文对 Anuradha 的研究进行了介绍与总结，并结合国内研究现状，从外语教学生态观、外语课堂教学媒介语两个方面进行了讨论。

关键词：语言生态观；教学媒介语；多语种教学模式；个案对比研究

---

① Anuradha, G. Ecological perspectives on implementing multilingual pedagogies in adult foreign language classrooms—A comparative case study[J]. *International Journal of Multilingualism*, 2020（1）: 1–21.

② 本文为 2022 年度重庆市社科规划项目“网络话语治理与重庆网络安全管理体系构建研究”（编号 2022NDYB150）的部分成果。

1 研究背景

近几十年来，随着人类社会的膨胀式发展，环境污染、资源的无限度开发导致生物物种不断下降，生态恶化问题受到各领域学者的广泛关注。在语言学界，不少学者对英语在全球范围内的强势地位提出疑问，认为其在世界政治、经济、文化、科技等领域所充当的"全球通用语"地位，是破坏世界语言多样性的主要原因之一。例如，Skutnabb-Kangas（2000）将英语的全球"扩张"视为"语言种族灭绝"（linguistic genocide），认为在非英语国家的学校强制推行英语为教学媒介语，会影响教学效果、破坏本国的传统文化。Phillipson（1992）认为，将英语作为国际各领域的核心交流用语是"语言帝国主义"（linguistic imperialism）的表现形式，应尊重世界其他国家的语言与文化。

1972年，挪威语言学家Haugen正式提出"语言生态"（language ecology）一词，并将其定义为"研究任何特定语言与其周围环境之间的相互关系"，将语言环境与生物环境进行了隐喻类比。二十年后，Halliday（1990）在国际应用语言学协会上就"语言在生态问题中的作用"发言，认为语言研究者应对语言与环境之间的关系做更深入的思考。至此，生态语言学的两种基本研究范式产生，即Haugen模式与Halliday模式。Haugen模式源于语言环境与生物环境的隐喻类比，主要关注语言多样性、濒危语言、语言进化等话题；Halliday模式下的语言生态观主要关注语言系统的生态学分析、环境语篇的分析批评、语言对生态环境的作用、生态语法等（范俊军，2005）。总体而言，生态语言学或语言生态观研究以发掘语言与生态环境之间的关系为出发点，力求从客观、整体的视角把握和分析语言学问题，其研究话题包括语言多样性、话语的生态分析、语言系统的生态分析、濒危语言、语言教学、语言规划等方面。目前，我国的相关研究多为解释性研究，往往通过文献综述、举例、思辨等形式，对国外的研究成果进行介绍与梳理，如范俊军（2005）、黄知常、舒解生（2004）、王晋军（2006）、张东辉（2009）、韩军（2013）等，而基于生态语言学理论或语言生态观进行的实证类研究相对匮乏。基于上述研究现状，本文选取了美国明尼苏达大学 Anuradha Gopalakrishnan 教授2020年1月发表在*International Journal of Multilingualism*的文章《生态观视域下的外语课堂多语教学实践：一项个案对比研究》（“Ecological perspectives on implementing multilingual pedagogies in adult foreign language classrooms – A comparative case study”）进行介评，从而为国内的相关实证研究提供借鉴思路。

2 外语/二语教学的媒介语研究综述

改革开放以来，英语作为我国“引进来”政策的重要工具，在国内的外语教学中起到“一家独大”的关键地位。为更好地解决我国外语教学的“费时低效”问题，不少学者、相关的教育决策部门更倾向于将英语既作为教学目标语，也作为教学媒介语，从而最大化地在课堂中实现目标语输入。例如，乔佳义（2003）提出，在外语教学中，母语作为媒介语会对目标语形成一定程度的干扰，进而对教学目标语的学习造成干扰；俞理明（2005）以加拿大渥太华大学倡导的“依托课程内容的语言教学法”为基础，佐证了使用目的语进行课堂教学的显著作用；蔡基刚（2010）提出，尽管学习者的个体外语水平对目标语是否作为教学媒介语有一定制约作用，但他仍主张向全英教学的方向逐步过渡；Kelly（2015）认为，将目标语作为教学媒介语可以促进外语学习效果，并主张开发目标语单语教学的相关原则，用于指导外语或二语教学。

在语言生态观理念的指导下，本文的作者 Anuradha Gopalakrishnan 教授对目标语作为唯一教学媒介语的“金科玉律”提出疑问。他认为（2020：4），学习者的个人因素、教师的教育背景与认识论、当地的社会文化习俗以及教育政策等因素，与外语课程教学共构一张“生态网”，而这张“生态网”是外语学习环境的重要组成因子，应作为外语教学的关注焦点。由此，在外语课堂教学中使用单一还是多种教学媒介语、使用哪些语言作为教学媒介语，是由学习环境的各类因子共同决定的。此外，Anuradha Gopalakrishnan（2020：2–5）引用了大量相关研究佐证自己的观点。例如，Neuner（2004）认为，外语教学应关注学习者的个体差异、学习环境以及课程大纲等，主张在课堂教学中综合上述因素使用多语种教学；Cummins（2007）提出，个体的母语知识、学习技能、策略与经历均可以塑造学习者的身份认同与认知模式。一定程度上，外语学习与人类的其他学习行为类似，具有从已知向未知迁移的倾向，这在外语学习过程中则表现为从源语言知识到目标语的习得。因此，学习者在学习目标语言的过程中，将难以避免地通过“源语言知识”（Prior Language Knowledge，PLK）进行过渡；Haukas（2016）同样提出，外语教学并非简单的线性过程，而是具有很强的动态性与累积性。即语言的储备并非数字的简单叠加，而是知识的“滚雪球”式积累。由此，在外语课堂教学过程中使用多语种进行教学，能够更好地调动外语学习者的母语知识与语言学习经验，从而促进目标语教学效果。实际上，除上述国际相关研究以外，我国不少学者也对外语教学中的双语、多语教学模式持积极态度。例如，姜宏德（2004）提出的“浸润式”双语教学模式与西方主流的“沉浸式”外语教学模式形成了鲜明对比，该模式在确立目标语作为教学媒介语支配地位的同时，也强调了母语的辅助地位，从而减轻了外语学习者在学习过程中的认知负担；王莉颖（2004）认为，我国的全英文授课模式受制于教师与学生的外语水平，只有在特定的情境下才能进行。王汉卫（2007）从对外汉语教学的角度出发，认为外语教学应该以学生的个体语言基础为导向，并提出了“周边化”“多样化”“视觉化”的课堂教学媒介语策略。

3 个案对比研究

尽管已有不少研究论证了双语、多语教学模式与个体的语言发展之间存在积极的联系（如 Göbel &Vielf，2014），但双语、多语教学模式的应用研究尚未完善，其潜在效用也未得到充分发挥（Turnbull，2016）。Anuradha Gopalakrishnan（2020:2–4）认为，在移民现象常态化、世界文化逐步多元的全球化时代，外语课堂教学中个体的差异性愈发显著，教师须充分考虑到学习者的教育背景、家庭语言环境、生活经历以及源语言知识等各类因素。由此，语言生态观指导下的多语教学模式，或许能够将上述孤立的影响因子相互串联，构建出一张相互联系的“语言教学生态网”，从而改善外语课堂教学效果，且对外语课堂的语言多样性起到保护作用。

为探究外语课堂中多语教学模式的实施有哪些影响因素，Anuradha Gopalakrishnan（2020）分别选取一所位于印度南部的外国语学校、一所位于美国中西部某城市的外国语学校作为个案，实行对比研究，两所外国语学校均将德语作为教学目标语言。该研究旨在回答以下三个问题：

（1）哪些环境因素与个体因素会影响印、美两地德语教师对多语教学模式的实施？

（2）哪些环境因素与个体因素仅会影响美国德语教师对多语教学模式的实施？

（3）哪些环境因素与个体因素仅会影响印度德语教师对多语教学模式的实施？

作者结合自身的学习与访问经历，从国家、学院、个人经历三个维度，分别描述了印、美两地的语言使用环境、语言政策、语言发展史、语言的经济社会需求等基本情况，并对比了两所当地外国语学校的基本信息、课程设置以及师资现状等。在数据收集过程中，研究者采用了问卷调查、针对教师的半结构式采访以及对特定环境的语料记录分析三种方法。其中，调查问卷涵盖了教师对多语教学模式的态度、教学方法、专业培训经历、同事及师生关系等维度；教师的半结构式访谈设置了“你是否在德语教学中运用了学生已掌握的其他语言？若有，请详细说明；若无，请阐明原因。”“使用学生的母语进行德语教学有何优势和挑战？”等问题，并使用 MAXQDA 软件进行转写、编码与数据分析；特定环境的语料记录收集了教科书、教学任务、教案、涉及教学资源的网站等内容，从而获取影响教师教学方法的环境因素，进而完善个案对比研究。

通过对印、美两地外国语学校的个案对比，Anuradha Gopalakrishnan（2020：9）归纳、总结出两所学校使用多语教学模式的积极、消极和偶然因素，以及两所外国语学校实施多语教学模式的个体差异，从而回答了文章所设置的研究问题。研究结果如图 1 所示：

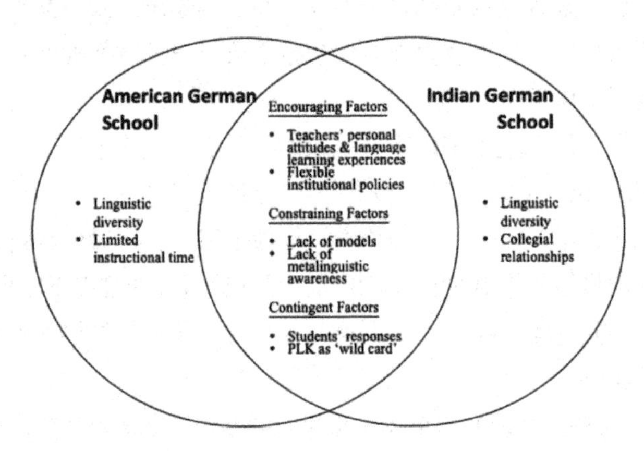

图 1　影响两地外国语学校实施多语教学模式的共有影响因子与个体差异因子

如图 1 所示，个案对比研究发现，教师对使用多语授课的个人态度、教师的个人学习经验、当地教育部门的课程教学政策是决定两地个案实施多语种教学模式的共有积极影响因素。在两地的个案追踪调查中，不少教师认为，源语言知识能够为学习者的外语学习提供更大的帮助。例如，“能使学生更快地适应和处理意义相对模糊的目标语言、使学生具备更丰富的元语言知识、促进学生更快地接受目标语言文化”（T1）；“在课堂中使用源语言，可以让学生在学习德语时与母语进行对比，从而更快地了解两种语言之间的差别，从而促进德语学习，避免一些母语负迁移带来的麻烦”（T2）；“从我自身的外语学习经历和教学经验来看，通过母语来学习外语会让学生更容易学懂”（T3）。此外，在当地教育部门的相关政策与制度方面，两地的外国语学校均没有严格要求教师的授课方案或模式，但考虑到有限的课堂教学时间与语言环境，许多教师仍以“目标语最大输入”为教学原则，但也会根据学生个体的不同，灵活调整授课方案与教学模式：“我的课堂教学以学生个体的需求为导向，尽量通过让学生感到比较舒适的方式答疑解惑。所以，我经常双语，甚至多语教学模式”（T4）。由此可见，两地相对灵活的教育政策为外语教师灵活地在其课堂教学中采纳、应用多语教学模式提供了便利条件。

两所学校共存的消极因素主要为（教师）缺乏多语种教学模型、（学习者）缺乏元语言知识两个方面。一方面，研究调查发现，两地针对多语种教学方法的相关培训较少，且适合作为多语种教学的教材相对匮乏。例如，一位印度籍德语教师提到，当地的教科书难以胜任多语教学模型，教材中为数不多的素材也无法很好地将多语种教学的相关活动联系起来。在课堂上，所谓的多语种教学模式，多表现为“机械化的语言转换活动”（T5）；一位美国籍德语教师表示，由于教师、学生的学习、生活背景迥异，在没有得到相关职业培训的情况下，教师盲目地用目标语以外的其他语言教学，恐不仅不利于教授目标语，反而会出现一定的干扰作用。由此，Anuradha Gopalakrishnan 归纳，“缺乏多语种教学模型”主要表现为教科书、教师前期培训、在职职业培训这三方面的模型匮乏。另一方面，研究者发现，不少两地学校的受访教师提到，学生缺乏足够的元语言知识是影响多语教学模式实施的另一个消极因素。具体来讲，上述消极因素主要源于教师对学生多语水平的担忧。不少德语教师反映，自己所教的学生难以较好利用元语言知识来学习目标语，因此，多语教学模式的实施或许会影响教学效果。

除此以外，影响两地多语种教学实施还存在两大“偶然因素”：学生在课堂上的反应、教师多将源语言知识作为“后备方案”进行课堂教学。

在当地教育政策相对自由的背景下，教师往往根据学生在课堂上的反应来灵活选择教学方案。若学生在双语教学模式下表现出相对适应的学习态度、达到较好的学习效果，教师则使用双语进行教学；反之，若学生在学习过程中表现出认知负担过重、无法专注于目标语学习等情况，教师则改变教学模式。因此，Anuradha Gopalakrishna 将上述影响因素归纳为学生在课堂中的反应。是否实施多语种教学模式的另一大偶然因素在于，两地的教师在教学过程中，多将源语言知识视为教学中的后备方案，即多语教学模式仅为课堂教学的第二选择或补充方案。这虽然在一定程度上能够利用学生目标语以外的源语言知识，但该方式仍然难以完全发挥出多语教学模式应有的优势。

影响美国外国语学校实施多语教学模式的因素主要为当地的语言多样性和极为有限的教学时间。在美国多文化、多民族的社会背景下，外语教师在课堂中调取全体学生的源语言知识是极为困难的，且教学时间十分有限，在教学过程中做出过多的尝试，往往会占据学生更多的时间与精力。由此，当地的教师在一定程度上减少了对于多语教学模式的实施。

影响印度外国语学校实施多语教学模式的因素主要为当地的语言多样性、教师之间的沟通与合作。历史原因决定了印度学生通常共同掌握多门语言，但与美国不同的是，印度的德语教师认为，当地的语言多样性是实施多语种教学的有利因素。在课堂教学中，教师可以根据学生的源语言知识与背景，灵活地使用多语中教学模式教授德语。另外，若多语教学模式在某些语言教学实践中遇到困难，教师之间则会互相交流，从而解决既有的问题，提升自信心。由此，不少印度外语教师提到，教师间和睦友好的同事关系能促进交流，这是促进多语教学模式实践的重要影响因素。

4 结论与讨论

在语言生态观视域下，外语教学模式的实施往往受到各方环境因素的制约。Anuradha Gopalakrishna 的对比研究发现，美、印两地的德语教师是否能够成功地实施多语种教学模式，受到教师的个体差异、学生的个体差异、当地教育部门的相关政策、教学资源、教师职业培训、当地的语言多样性、教师之间的沟通与合作等诸多因素的影响。抛开一些师生的主观因素，Anuradha Gopalakrishna（2020：17）认为，如何为外语教师创造更多的多语教学模式培训、如何开发更多符合多语教学模式的教学资源、如何开发外语教师的合作意识，从而形成一套统一的、系统的、富有层次化的多语教学实践方案，使多语教学模式由理论落实到教学实践当中，或许是该研究为更好地实施多语教学模式提供的最重要思路。Anuradhade 生态观视域下的外语课堂媒介语研究，同时也为我国的外语教学实践提供了新的思考路径。

首先是关于外语教学生态观的思考。在后现代主义思潮的影响下，“解中心化”的生活世界哲学（哈贝马斯，1992）关注于对个体的多维度评价、个体与其各方环境之间的平衡关系。如此，在外语教学实践中，不论是“教师中心说”还是“学生中心说”，都将或多或少地让位于“环境”“系统”说。学习者的个体差异性、教师的教育背景与生活经验、管理部门的教育政策与语言政策、教师之间、学生之间，甚至师生之间的关系等因素，均是衡量外语教学成功与否的重要环节之一。目前，学界针对外语学习者的个体差异、教师发展、语言政策等领域的相关研究成果颇丰，但 Anuradhade（2020）的研究所提及的教师之间的沟通与合作问题，在国内的外语教学研究中关注度较低，具有较大的发掘潜力。以我国的高校外语教师为例。与其他学科的任课教师相比，高校外语教师普遍面临授课数量较高、科研水平较落后的窘境。面对工科、理科教师在高水平国际期刊频频发文的“同行压力”，外语教师一方面忙碌于课堂教学之中，难以争取到充足的时间与精力从事相关的科研活动；另一方面又受限于实验设备、研究方法的不足，空有语言基础却难以在国际期刊发出高质量的中国声音。那么，开发高校教师的跨学科合作与交流平台，促进交叉学科之间的理论与实践创新，则不仅能整合各学科之间的特色与优势，而且能通过教师间的合作交流减轻身心压力，使其在开放、活跃的生态环境中从事教学科研工作，而与之相关的理论与实践研究，或许是我国外语教育、教师教育领域的另一个突破口。

其次是关于外语课堂教学媒介语的思考。新时期，随着我国在国际体系中的参与度逐步增强，我国的外语专业人才在国际话语体系中不仅要充当“语言传递者”的角色，更肩负着国家文化与话语“软件”建设、塑造我国良好形象、提升我国国际话语能力的“语言与文化传播者”角色（杨金龙，2019）。在此背景下，以语言维为核心的“工具”价值体系亟待向知识维为核心的“人文”价值体系过渡。语言与文化之间的关系千丝万缕。在长期的目标语“浸入”式课堂教学环境中，我国广大外语学习者易盲目关注目标语言本身的发音标准性、外语所承载对象国的风俗文化等，而我国本土文化却因在学习过程中甚少接触、缺乏承载语言而逐渐淡化。如此一来，即便外语学习者具备一定的语言表达能力与跨文化交际能力，仍会因缺乏本国文化与知识的承载，而难以胜任“语言与文化传播者”新角色。教育的原点在于为国家、为人类命运共同体，培养具有中国文化基因与中华灵魂的国际化人才（梅德明，2016）。在我国汉语为统一母语的大环境下，外语课堂教学或许可以考虑根据授课年级、授课性质、授课内容的不同，适当地加入一定量的汉语作为教学媒介语，从而增强汉语的文化承载度，更好地发挥 Anuradha（2020）所提及“源语言知识”（Prior Language Knowledge，PLK）对外语学习的桥梁作用，而由此引出的相关理论与实证研究或许是我国外语教学媒介语研究的新“抓手”。

参考文献

[1] Anuradha, G. Ecological perspectives on implementing multilingual

pedagogies in adult foreign language classrooms—A comparative case study [J]. *International Journal of Multilingualism*, 2020 (1): 1–21.

[2] Cummins, J. Rethinking monolingual instructional strategies in multilingual classrooms [J]. *Canadian Journal of Applied Linguistics/Revue Canadienne de Linguistique Appliquée*, 2007, 10 (2): 221–240.

[3] Göbel, K. & Vieluf, S. The effects of language transfer as a resource in instruction. In P. Grommes & A. Hu (eds.). *Plurilingual Education. Policies–Practices–Language Development* [M]. Amsterdam/Philadelphia: John Benjamins, 2014.

[4] Halliday, M. New ways of meaning: The challenge to applied linguistics [J]. *Journal of Applied Linguistics,* 1990 (6): 7–36.

[5] Haugen, E. *The Ecology of Language* [M]. Stanford: Stanford University Press, 1972.

[6] Haukas, Å. Teachers' beliefs about multilingualism and a multilingual pedagogical approach [J]. *International Journal of Multilingualism*, 2016, 13(1): 1–18.

[7] Kelly, M. Challenges to multilingual language teaching: Towards a transnational approach [J]. *European Journal of Language Policy*, 2015, 7 (1): 65–83.

[8] Neuner, G. The concept of plurilingualism and tertiary language didactics. In B. Hufeisen & G. Neuner (eds.). *The Plurilingualism Project: Tertiary Language Learning–German after English* [M]. Strasburg: Council of Europe Publishing, 2004.

[9] Phillipson, R. *Linguistic Imperialism* [M]. Oxford: Oxford University Press, 1992.

[10] Skutnabb-Kangas, Tove. *Linguistic Genocide in Education — or Worldwide Diversity and Human Rights?* [M]. Mahwah, NJ & London, UK: Lawrence Erlbaum Associates, 2000.

[11] Turnbull, B. Reframing foreign language learning as bilingual education: Epistemological changes towards the emergent bilingual [J]. *International Journal of Bilingual Education and Bilingualism*, 2016, 21(8): 1–8.

[12] 蔡基刚．全英语教学可行性研究——对复旦大学“公共关系学”课程的案例分析 [J]. 中国外语，2010 (6): 61–73.

[13] 范俊军．生态语言学研究述评 [J]. 外语教学与研究，2005 (2): 110–115.

[14] 哈贝马斯著，李黎译．生产力与交往——答 H.-P 克鲁格 [J]. 哲学译丛，1992(6): 49–54.

[15] 韩军．中国生态语言学研究综述 [J]. 语言教学与研究，2013 (4): 107–112.

[16] 黄知常，舒解生．生态语言学：语言学研究的新视角 [J]. 南华大学学报（社会科学版），2004 (2): 68–72.

[17] 姜宏德．“浸润式”双语教学模式的构建与实践 [J]. 教育发展研究，2004 (6): 32–34.

[18] 梅德明．第二届全国外国语学校及外语特色校校长论坛发言 [G]，2016 年 12 月 15 日．

[19] 乔佳义．大学英语课堂教学媒介语对比实验研究 [J]. 外语教学与研究，2003 (5): 372–377.

[20] 王汉卫．对外汉语教材中的媒介语问题试说 [J]. 世界汉语教学，2007 (2): 8，111–117.

[21] 王晋军．绿色语法与生态和谐 [J]. 华南理工大学学报（社会科学版），2006 (2): 57–60.

[22] 王莉颖．双语教育比较研究 [D]. 上海：华东师范大学，2004.

[23] 杨金龙．“人类命运共同体”视域下我国外语专业人才的价值重塑——“工具”与“人文”之辨 [J]. 外语教育研究前沿，2019 (3): 36–41，91.

[24] 张东辉．生态语言学认识观与语言多样性 [J]. 前沿，2009 (13) : 103–104.

[25] 俞理明，袁笃平．双语教学与大学英语教学改革 [J]. 高等教育研究，2005 (3): 74–78.

语法知识中的个体差异：一个被语言研究忽略的层面

——《构式语法下复杂系统中的个体性》[1] 一文述评[2]

（四川外国语大学英语学院，重庆 400031）　杨玉顺

摘要： 近年来，许多学者都认为语言是一个复杂适应系统，个人语言与社群语言具有动态的交互影响。然而在这一系统的互动当中，言语个体自身的语言动态变化受到研究的忽视。Petre & Anthonissen（2020）认为认知构式语法可以作为方法工具和分析模型去解释语言中的个体性。他们分析了个人语言特征和共享语言特征之间的互动，列举了从不同角度利用构式语法分析个人语言变化的实证研究，揭示了个人的语言加工和行为在塑造社群语言时所起到的作用。本文在介绍 Petré & Anthonissen（2020）的基础上，简要评述了该文的论述方法、作者观点的创新性和缺陷以及未来可能的研究方向。

关键词： 个体性；复杂适应系统；认知构式语法；创新；缺陷

---

① Petré, Peter & Anthonissen, Lynn. Individuality in complex systems: A constructionist approach. *Cognitive Linguistics*, 2020,31(2):185–212.

② 基金项目：本文系重庆市教委人文社科研究项目“认知对话句法学与汉语幽默研究”（22SKGH256）及重庆市研究生科研创新项目“体认语言学视角下冲突性对话的语力交互研究”（CYB22255）的阶段性成果。

1 引言

长期以来，语言学家们或多或少都否认了语法知识中个体差异的存在（Petré & Anthonissen，2020）。生成语法学家认为语言是静态的语法规则集合，他们只考察理想化的内在语言能力，将个体层面的语言变异归为语言研究中的“噪音”（noise）（Berwick & Chomsky，2016）。认知语言学研究中也存在轻视语言的个体差异的问题（Dąbrowska，2016）。

认知构式语法持“语言是复杂适应系统”这一观点。复杂适应系统理论（Complex Adaptive System，简称 CAS）认为：“个人语言是言语个体通过与社群语言中其他个体进行言语交际的过程中涌现出来的，而社群语言的涌现则是个人语言交互影响的结果”（Beckner *et al.*，2009：15）。Petré & Anthonissen（2020）认为除考虑个体间的互动之外，还应考虑言语个体自身的语言动态变化，构式语法学家并没有充分考虑个体这一层面。除了语言习得方面，少有研究明确地对说话人的个体语法特征进行系统考察，也少有研究探讨个体间的互动如何带来宏观层面涌现出的社群语法。

Petré & Anthonissen（2020）聚焦于语言知识及语言处理中的个体差异，考察了如何将这些差异融合进一个更加全面的构式语法理论框架中。通过展示各个方向对这一主题的研究，揭示了个体间的语言变异如何影响语言长期变化。该篇论文还介绍了同期《认知语言学》（*Cognitive Linguistics*）特辑中其余七篇同主题论文的主要内容。

本文在介绍 Petré & Anthonissen（2020）的基础上，简要评述了这一研究方向的操作方法、创新性、缺陷以及未来可能的研究方向。目的是帮助研究者更深刻地认识到个体差异对社群语言长期变化的作用以及它们之间的互动，更全面地分析语言的动态变化现象，以更好地分析语言的演变规律。

2　作为复杂适应系统的语言中的个体性

复杂适应系统理论原本作为自然科学的研究方法，被广泛应用于物理、气候等领域（王士元，2006）。近年来，许多学者运用该理论进行了语言学的相关研究，如一语/二语习得（Larsen-Freeman & Cameron，2008）、句法学（Boeckx，2014）、认知语言学（Frank & Gontier，2010）等。

“语言是复杂适应系统”认为语言本质上是一个变化的系统，具体有如下特征：

> （a）语言系统包含了多个彼此互动的主体（agent，即话语社群中的说话人）。
>
> （b）语言系统具有适应性（adaptive），即说话人的行为基于他们过去的互动。他们当下及过去的互动结合起来指导未来的言语行为。
>
> （c）说话人的言语行为是从感知约束到社会动机等竞争因素的结果。
>
> （d）语言结构是从经验、社会互动、认知过程的关联模式涌现出来的。
>
> （Beckner *et al.*，2009：2）

Petré & Anthonissen（2020）认为“语言是复杂适应系统”的观点需要一个能够提供方法工具和理论概念的模型，用于分析语言系统中的各个成分。各种语言理论都谈及了语法的系统层面，但却少有理论明确地阐释了言语主体本身所带来的语言多样性，即动态性不仅存在于言语主体之间，还存在于言语主体本身。他们的语法不断被生活经验所重塑，进而在上述经验阶段（b）和（c）间具有内在动态性和差异性。

许多“基于使用的”（usage-based）语言变化研究都采用构式语法（Goldberg，1995，2006）作为理论框架（如：Bergs & Diewald，2008; Traugott & Trousdale，2010; Traugott & Trousdale，2013）。这些研究表明：构式随时间发生变化，反映了人们对相关构式进行概括化的变化。认知构式语法持“语言是复杂适应系统”观，但实际操作中却并未全面考察说话人个体层面的特征。为了更好地将个体层面融入语言的构式模型，Petré & Anthonissen（2020）从心理语言学、社会语言学、历史语言学等各个方向考察了下面几个重要问题：

— 哪些语言知识是共有的？

— 哪些语言知识是个体特有的？

— 共有的知识和特有的知识是如何动态联系起来的？

3 共有语言知识和特有语言知识

语言属于社群而不是属于个人，一个个体只“拥有”自己语言的一部分。由于说话人会彼此贴近（approximate）对方的语言行为，群体的语法知识相比于个体语法知识会更加系统（Dąbrowska，2016）。弄清共有语言知识和特有语言知识各自的内容是探究他们之间如何互动的前提。

3.1 共有语言知识

Petré & Anthonissen（2020）从社会语言学和心理语言学视角论述了语言知识中哪些是人们所共有的（shared）以及它们从何而来。

（1）社会语言学视角

社会语言学强调语言包含了规约（conventions），言语社群的成员都具有这些规约。规约是一种行为规则，可以产生特定语言形式的话语，它具有部分任意性，固化于言语社群（Beckner *et al.*，2009），与言语社群中的性别、年龄、社会阶层、种族等因素紧密相关。这些因素对言语社群的成员影响很大，使得他们都具有产生语言变异的可能，也使他们受到同样的语法限制。社会语言学为研究语言变异提供了大量工具，研究成果反复表明：语言的社会对齐（alignment）程度非常高，以至于个人的语言变异可以视为“在语言学显著性之下的层次”。

根据构式语法的观点，个人的构式网络很可能含有大量的语境信息，用来确定在何种语境下使用何种构式的何种用法才是恰当的，比如人们能够在不同的实践社群（community of practice）中轻松地转换不同的语言风格。实践社群以及文本类型与构式语法框架下基于语料库的个人行为研究紧密相关。要充分评估哪些是共享的构式特征，必须尽可能考虑个人语境的丰富性。

（2）心理语言学视角

从心理语言学视角来看，人类的普遍认知能力使得人们共享语言知识，确保沟通能够进行。构式语法框架下的心理语言学研究表明，构式具有心理现实性，高频使用的构式在人们的心智中形成原型图式（如双宾构式）。人们有着共同的或相似的经历，所以有着相似的或者说共享的原型图式。Petré & Anthonissen（2020:189）还列举了相关的研究表明上述观点，如成年人在有限的输入下也能学会一个新构式，一语习得的一些研究也表明不同的学习过程也能带来高度相似的学习结果。

3.2 特有的语言知识

个人特有的语言知识源自于许多因素，它们都与认知—心理层面和社会经验层面相关，主要体现在如下方面：

（1）概括化能力

Dąbrowska 基于实证，对不同词法特征进行研究（2008，2013，2020），论证了仅有少部分敏感度高的人对隐含的语义概括有所感知，当他们长期维持自身语言模式时会产生一个拉动效应，使得其他大部分人靠近他们的言语行为。因此，即便是相同（或高度相似）的语言输出也可能揭示出不同层面的心智表征，同样的语言知识可能以不同的抽象化程度储存着（Petré & Anthonissen，2020:190）。

（2）教育背景

Dąbrowska（2012）讨论了教育背景这一社会因素与个人言语的联系。他们认为受到正规语法教学的人能够对非常规的被动构式做出正确的句法分析，如“the dog was bitten by the man”，而未受过正规语法教学的人则不能，因为他们缺少被动构式的图式化表征。此外，Street & Dąbrowska（2010）的研究也表明：语言差异可以被目标教育（target education）所消除，和人天生的认知能力差异不一定相关。

（3）终生变化（lifespan change）

个人在其一生中对同一构式的表征可能发生变化，这一变化可能也和教育背景相关。Standing & Petré（2020）的研究发现只有未受过大学教育的作家才在使用早期现代英语的分裂构式时出现明显的终身变化。此外，只有当语言使用的代际变化时，才会出现个体语言的终生变化，这也表明了社群语言与个体语言变化的相互作用。

（4）人际网络

社会语言学研究不断证明进步的(progressive)和保守的(conservative）言语行为都和说话人所处的人际网络中的位置有关。人际网络不紧密的个人往往更容易发生语言变异。说话人在其一生中的人际网络位置也会发生变化，进而影响其语言使用。心理语言学的研究也表明语法表征与语言学习的社会纬度有直接联系。

（5）其他社会经验因素

上述原因其实都表明了不同的社会经历会带来不同的个人语言知识。作者还论述了其他因素，比如相关经历的情感价值，不同语域的熟悉程度等。

4 个人语言与社群语言间的互动连接

4.1 个体特有差异与群体共有知识的互动

Petré & Anthonissen（2020：191）认为个体差异并不是毫无规律，它们之间具有普遍联系，有着共同的特征。这些共同之处可在社会经验层面进行分类。同样，个体的认知差异也具有一定规律，可以按不同类型进行划分。

大多数情况下，不同概括化的结果是类似的。个体差异的产生并没有阻碍日常的交流，个体差异的特有部分也没有超过群体共享的部分。社会因素和认知因素共同导致了这些差异中近似的规律。

Petré & Anthonissen（2020：192）认为个人构式网络某种程度上是各不相同的，但是这些网络都遵循一系列适用于不同个体的规则。De Smet（2016）认为一个构式创新用法的出现依赖于一个人之前的构式库里已经存在的构式，他认为个体的语言认知系统必须在接受新用法之前已经“准备就绪”，无论那种用法是否已经被规约化了。换句话说，个人构式网络中已经存在的一个节点（node）b，去连接节点 a 和一个假定隔得很远的节点 c。这样的分析方法补充了社会语言学的研究。现在无法确定的是，个人构式网络中构式间的联系多大程度上可以用来解释进步的（progressive）言语行为。就此而言，进步的和保守的言语行为不仅仅被社会因素所驱动，语言知识的内部认知系统也发挥了（额外）作用。

如何衡量个体差异和群体共有的比重是一个极大的挑战。衡量共有部分需要用到语料库、心理语言学等方向测量相关性的方法，比如基于语料库建立的模型对比、混合效应回归建模（mixed-effects regression modeling）、条件推断树（conditional inference trees）等。衡量出共有部分也就意味着对个体特有的差异能有更好理解。

4.2 案例分析

Petré & Anthonissen（2020：194–200）介绍了团队开展的 Mind-Bending Grammar 项目。该项目借助 17 世纪的书面语，调查了当时个人

心智语法的终身变化。其最新研究成果揭示了个体差异与语言知识的总体特征之间的互动，以及它们如何在总体层面（aggregate level）发生变化。该项目的相关研究成果表明，考虑个体当时的语法状态能够更加准确地描述语言的传播过程。他们主要介绍了两个相关研究的具体过程。

研究一：研究先确定了构式 be going to 的语法化（规约化）的大致时间，然后挑选了当时 49 名作家的作品作为语料，将他们对该构式的语法化过程进行调查。研究发现：（1）最先开始使用 be going to+ 不定式（INF）这一创新用法的人很可能是 1620 年后出生的人，当时的语境应当是该构式的进行式变体。而更早出生的作家需要根据他们原有的语法知识（其中该构式进行式的用法没有被固化）去适应该种新用法时。（2）个人对一个语言创新的掌握与该构式的语法化程度关联如下：在一语习得中，最初几代习得一个构式语法化形式的人会随着时间逐渐意识到该构式的语法潜能。原因是他们最初会受到年长者语言 alignment 的约束，但随着这些年长者的离世，他们就会放开使用那些语法化了的形式。

研究二：通过分析 5 代作家对于主格兼不定式构式（NCI 构式，如：he is said to be a thief）和介词被动构式（prepositional passive construction，如：he was highly thought of）的使用，他们发现：（1）使用 NCI 构式越多的作家使用介词被动构式也越多，反之亦然。（2）早期的作家是在更高层级的被动构式的影响下将 2 个构式关联起来使用的，但是后期作家使用 2 个构式时，关联却越来越远。（3）作家间的语言变异大于作家自身内部的语言变异。

5　认知构式语法作为框架对个体层面的融合

Petré & Anthonissen（2020）反复强调关注语言使用者个体差异的重要性，并且认为认知构式语法可以作为理论框架对个人语言差异进行解释。认知构式语法已经运用了许多跨学科的、确凿的证据来支撑已有的许多研究假设，但是还需要进一步考虑个体层面的维度。该理论主要采用数据驱动，内省法只是作为一个支撑和提出假设的作用，语料库及数据分析等实证手段使得认知构式语法相关理论模型更有解释力。

语言的交际功能使得个人的语言变异（variation）某种程度上受到限制（constraints），但是这种限制并不能阻碍个人语言产生明显的差异。变异和限制本质上都被认为是认知—心理的（cognitive-psychological）和社会的（social），它们之间的区别很难加以描述（Petré & Anthonissen，2020）。一个具有解释力的语言理论模型应当解决这一问题。具体而言，该理论模型应该揭示个人语言变异的功能及其在塑造语言宏观层面时所起到的作用。

作为一个语言理论模型，认知构式语法能够很好地描述语言这一复杂适应系统。作者主要聚焦了该理论模型的两个关键特征，分别是：（1）基于用法的存储（2）语言知识作为一个网络存在。这两个特征有望将个体差异这个角度融入构式语法的研究之中。

（1）基于用法的存储：认知构式语法认为构式可被理解为加工单位（processing units）或组块（chunking），即一连串词或词素，当它们被使用得足够频繁时，就能被同时读取。基于用法的构式语法认为渐变、变异、动态是语言的核心原则，这与乔姆斯基的语言观具有显著差别。乔氏的生成语法只研究理想化的语言使用者的语言，语言知识储存于人脑中的“普遍语法”之中，与客观外界无关，语言使用者共有一套理想化的语言规则。认知构式语法认为，每个人的语言输入是不同的，人们在处理信息时有着一套不一样的认知方式，每个人的语法知识也是不相同的。当然人们的语法也并不是没有联系的：语言变体受到限制。这也可以由认知构式语法网络加以解释。

（2）构式语法网络：语言知识作为一个层级性的动态关联网络储存在心智之中，其中还包含了构式节点和他们之间的连接（Goldberg，1995）。构式的节点由人的普遍认知能力所构建，如范畴化（Croft，2001:27；Goldberg，2006；Langacker，2006）。比如说一个人接触到了一系列语言表达，这些表达具有形式和语义上的共性，那么在某个时刻，说话人就会将这些表达归类为同一个构式的例式。这些节点不仅仅是自动创建的，它们还会一直是动态实体，由于用法对于已经存在的表征的作用，该实体会随着经验增强或减弱。构式网络强调个体间的变化是受到限制的，因为个体间的变化过程具有规律性（是基于相似性的联系）。那些共同基础的变化是系统性发生的，是随复现的网络关联一致的。

依赖于基于用法的存储和构式网络的概念，认知构式语法相比与生成语法持有的“语言是连接规则的模块系统”的理论，能够强有力地解释个人的变化。语言是人们对现实进行“互动体验”和“认知加工”的结果（王寅，2006）。个体的语言能力差异取决于一系列影响个人构式网络状态的因素，比如年龄、性格、经验、教育、社会经济状况、态度、认知能力等等（Petre & Anthonissen，2020:203），而并不是生成学派所认为的天赋的、毫无差异的。

Petre & Anthonissen（2020）同时也指出该方向的一些局限性：定量研究所必要的资源在个人这一微观层面十分缺乏。典型的语料库研究总是将语言置于一个概括的层面研究，当然部分原因是语言学家总是将语言作为一个社会现象对其进行概括性解释，其次也是因为相关个人层面的语料资源匮乏。

6 简要评述

本篇文章一开始就表明了“语言是复杂适应系统”这一基本立场，认为语言处于不断变化之中，个人语言和社群语言处于互动之中，以往的研究忽视了这一层面，应当考虑个人语言在语言变化中的作用。作者理清了个人语言的特有内容和社群语言中的共有内容，阐释了它们之间的互动关系，并且确定了认知构式语法可作为分析个人语言与社群语言之间互动的理论工具和分析框架。

作为一篇理论介绍性的文章，该文主要采用了文献回顾法来支撑其观点。引述的文献当中，主要包括了作者研究团队主持的 Mind-bending Grammar 项目的研究成果，还包括了该《认知语言学》特辑中的其他 6 篇论文。这些文献有的运用了心理学的实验方法（Dąbrowska，2020；Tachihara & Goldberg，2020；De Smet，2020），有的从历时构式语法展开分析（Fonteyn &Nini，2020；Anthonissen，2020；Neels，2020），它们都有力地证明了作者的观点。

作者主要作出了以下贡献：

（1）将个体层面的语言变异纳入认知构式语言研究中。

除了语言习得、社会语言学、心理语言学外，个体层面的语言变异几乎没有受到关注，生成语法认为语言是天赋的，说话人的心智语法都是由 UG 所管控的，不存在个人之间的语法差异。基于使用的语言观认为个体言语行为的方式和成因对阐明语言的本质至关重要（Pickering，2016）。认知构式语法为研究个人层面的语言变异提供了理论模型和分析框架，能更好地解释个人语言与社群语言的互动关系。“基于用法的存储”解释了个体语言变异任何在个人心智中得以存储，“构式网络”阐明了个体间的变化是受到限制的，个体间的变化过程具有规律性。

（2）明晰了个人语言和社群语言中各自和共有部分的来源。

个人语言之所以长久没有被纳入语言学研究视野之内，一个重要原因就是个人语言往往被认为是毫无规律的，无法确定个人语言在社群语言中所占比重以及个人语言对社群语言的影响。通过分析社会因素和认知—心理因素，作者明晰了社群共有语言以及个人语言变化的来源及规律。

（3）呈现了如何分析复杂系统中个体性的研究方法。

认知构式语法的研究是数据驱动的（Petré & Anthonissen，2020:201），基于认知构式语法的研究思路，将个体层面纳入研究范围时，就需要利用实验和语料库分析等量化分析的方法来分析。虽然在个体层面的语料数据非常有限，但是作者基于自建 EMMA 数据库进行研究，并且介绍了许多相关研究的过程，为该方向的研究呈现了一个清晰的研究路径。

但是，作为一篇理论介绍性的文章，在有限的篇幅内难免存在一些缺陷：

（1）作者认为主要从认知—心理和社会层面阐释了影响了个人特有的语言知识和社群共有语言知识的因素，包括：概括化、教育背景、终身变化、人际网络等等。是否仅限于这些因素还需要进一步的研究，如 Dąbrowska（2015）还列举了工作记忆容量（working memory capacity）、元语言意识（metalinguistic awareness）等因素。

（2）社会因素及认知—心理因素在语言变化中各自起到多大的作用，这些变化在哪些方面最先体现或者体现最明显需要进一步阐明。

（3）个人语言变化在影响社群语言变化的过程中是否具有一些普遍规律。个人语言变化影响社群语言变化的原因、方式、时间、结果是否具有一定的规律，这些规律是不是跨语言的，这需要更多的实证研究以及跨语言的调查。

随着语言复杂系统中的个体性被进一步研究，未来可能的研究方向：

（1）以个人语言为研究中心的语言类型学。各种语言理论都已经对语言的系统层面进行了分析，由此也诞生了语言类型学对语言特征的分类研究。将个人语言作为研究中心，可能会发现不同语言中个人语言变化的规律，由此对语言类型学做出新的补充。

（2）利用心理语言学、神经语言学、计算机建模等方式开展的交叉学科研究。基于语言作为复杂适应系统这一理念，许多研究尝试使用计算机建模来预测语言的发展，将个人语言的变化纳入考虑之中进行建模，不失为一个方向。

（3）进一步与一语 / 二语习得、社会语言学的结合研究。语言习得与社会语言学家早有对个体语言差异的研究，但并不深入。个人语言变化与社群语言发展具有互动关系，弄清其中的规律，有利于语言习得、社会语言学甚至语言政策等方向进一步的研究和发展。

参考文献

[1] Anthonissen, Lynn. Cognition in construction grammar: connecting individual and community grammars [J]. *Cognitive Linguistics*, 2020,31(2): 309-337.

[2] Beckner, Clay, *et al.*. Language is a complex adaptive system: Position paper [J]. *Language Learning*, 2009, 59(1): 1-26.

[3] Bergs, Alexander & Gabriele Diewald (eds.). *Constructions and Language Change* [M]. Berlin: Mouton de Gruyter, 2008.

[4] Berwick, Robert C. & Noam Chomsky. *Why Only Us: Language and Evolution* [M]. Cambridge, MA: MIT Press, 2016.

[5] Boeckx, Cedric. *Elementary Syntactic Structures* [M]. Cambridge: Cambridge University Press, 2014.

[6] Croft, William. *Radical Construction Grammar: Syntactic Theory in Typological Perspective* [M]. Oxford: Oxford University Press, 2001.

[7] Dąbrowska, Ewa. The later development of an early-emerging system: The curious case of the polish genitive [J]. *Linguistics*, 2008, 46: 629-650.

[8] Dąbrowska, Ewa. Different speakers, different grammars: Individual differences in native language attainment [J]. *Linguistic Approaches to Bilingualism*, 2012, 2(3): 219-253.

[9] Dąbrowska, Ewa. Functional constraints, usage, and mental grammars: A study of speakers' intuitions about questions with long-distance dependencies [J]. *Cognitive Linguistics*, 2013, 24:633-665.

[10] Dąbrowska, Ewa. Individual differences in grammatical knowledge // E. Dąbrowska & D. Divjak (eds.). *Handbook of Cognitive Linguistics* [C]. Berlin: De Gruyter Mouton, 2015, 649-667.

[11] Dąbrowska, Ewa. Cognitive Linguistics' seven deadly sins [J]. *Cognitive Linguistics*, 2016, 27(4):479-491.

[12] Dąbrowska, Ewa. Language as a phenomenon of the third kind [J]. *Cognitive Linguistics*, 2020,31(2): 213-29.

[13] De Smet, Hendrik. How gradual change progresses: The interaction between

convention and innovation [J]. *Language Variation and Change*, 2016, 28(1): 83-102.

[14] De Smet, Hendrik. What predicts productivity? Theory meets individuals [J]. *Cognitive Linguistics,* 2020,31(2): 251-278.

[15] Ellis, Nick C. The emergence of language as a complex adaptive system // J. Simpson (ed.). *The Routledge Handbook of Applied Linguistics* [C]. New York: Routledge, 2011, 654-667.

[16] Fonteyn, Lauren & Andrea Nini. Individuality in syntactic variation: An investigation of the seventeenth-century gerund alternation [J]. *Cognitive Linguistics,* 2020,31(2): 279-308.

[17] Frank, Roslyn. M. & Gontier, Nathalie. On constructing a research model for historical cognitive linguistics (HCL): Some theoretical considerations // Winters, M.E. et al. *Historical Cognitive Linguistics* [C]. Berlin: Walter de Gruyter, 2010: 31-69.

[18] Goldberg, Adele E. *Constructions: A Construction Grammar Approach to Argument Structure* [M]. Chicago: The University of Chicago Press, 1995.

[19] Goldberg, Adele E. *Constructions at Work: The Nature of Generalization in Language* [M]. Oxford: Oxford University Press, 2006.

[20] Holland, John H. *Hidden Order: How Adaption Builds Complexity* [M]. Helix Books: Addison-Wesley Publishing Company, 1995.

[21] Langacker, Ronald W. Cognitive grammar // K. Brown (ed.). *Encyclopedia of Language and Linguistics, 2nd edn.* [C]. Amsterdam: Elsevier, 2006: 590-593.

[22] Larsen-Freeman, Diane. & Lynne, Cameron. *Complex Systems and Applied Linguistics* [M]. Oxford: Oxford University, 2008.

[23] Neels, Jakob. Lifespan change in grammaticalisation as frequency-sensitive automation: William Faulkner and the Let Alone Construction [J]. *Cognitive Linguistics,* 2020,31(2): 339-365.

[24] Petré, Peter & Anthonissen, Lynn. Individuality in complex systems: A constructionist approach [J]. *Cognitive Linguistics,* 2020, 31(2): 185-212.

[25] Pickering, William A. Natural languages as complex adaptive systems [J]. *Estudos Linguisticos*, 2016, 45 (1):180-191.

[26] Standing, William & Peter Petré. Exploiting convention: lifespan change and generational incrementation in the development of cleft constructions // Beaman Karen V. & Buchstaller (eds.). *Language Variation and Language Change Across the Lifespan* [C]. Routledge, 2021:141-163.

[27] Street, James & Ewa Dąbrowska. More individual differences in language attainment: How much do adult native speakers of English know about passives and quantifiers? [J]. *Lingua,* 2010, 120(8): 2080-2094.

[28] Tachihara, Karina & Adele E. Goldberg. Cognitive accessibility predicts word order of couples' names in English and Japanese [J]. *Cognitive Linguistics*, 2020, 31(2): 231-249.

[29] Traugott, Elizabeth C. & Graeme Trousdale (eds.) *Gradience, Gradualness and Grammaticalization* [M]. Amsterdam: John Benjamins, 2010.

[30] Traugott, Elizabeth C. & Graeme Trousdale. *Constructionalization and Constructional Changes* [M]. Oxford: Oxford University Press, 2013.

[31] Wedel, Andrew. Self-Organization in Phonology // Van Oostendorp, M. *et al.*. *The Blackwell Companion to Phonology: Suprasegmental and Prosodic Phonology* [C] . Oxford: Wiley-Blackwell, 2011: 130-147.

[32] 王士元 . 语言是一个复杂适应系统 [J]. 清华大学学报（哲学社会科学版），2006，(6)：5-13.

[33] 王寅 . 认知语言学 [M]. 上海：上海外语教育出版社，2007.

语言概念化研究的新视角

——《基于肖像语料库的语言与身体互动研究：以非洲青年为例》[①] 一文述评 [②]

（四川外国语大学通识教育学院 英语学院，重庆 400031）
何冰艳　李　莎

摘要：语言肖像（language portrait）等启发性材料有助于调查人们对所知语言的看法，用语言肖像来研究人们反思自己语言库时所展示的潜在概念化，是一个重要创新。概念化作为文化认知的表现形式之一，是认知社会语言学的范畴。本研究采用语言肖像分析法，对 105 名南非青年结构化的语言肖像数据进行定性和定量分析，揭示了（a）非洲语言和身体相互作用的、突出的基本概念化特征；（b）这些概念化与认知社会语言学的语言具身体验的相似点和不同点。研究发现，非洲本土语言既是与文化身份有关的“心灵语言”（language of the heart），也是与认知能力和控制力有关的“头脑语言”（language of the head）。与以往的具身化语言体验研究相比，语言熟练程度或语言知识规模等概念显得更为突出。

关键词：语言肖像；认知社会语言学；文化概念化

---

① Peters, A. & Rooy, S. Coetzee-Van. Exploring the interplay of language and body in South African youth: A portrait-corpus study [J]. *Cognitive Linguistics*, 2020, 31(4): 579–608.

② 基金项目：2008 年四川外国语大学科研项目“外语学习者英语理解困难及对策”（2018038）阶段性成果。

1 引言

近年来多语（multilingualism）引起了人文社科领域的广泛关注。Aronin 和 Singleton（2012：33）预言多语会成为一种新的语言制度，在 21 世纪，多语将跃升为新世界秩序的一部分。Ushioda（2017：478）认为在全球化的今天，人们越来越把多语言当成常态，多语转向与此相关。由于认识到使用多语言是当今世界的常态，因此应用语言学等领域的研究方法也随之重新定位。在复杂的多语环境中，个人的多语言库表现出明显的多样性。Blommaert 和 Backus（2013：1）认为个人语言库研究兴起了一种新的分析方法——语言肖像法，该方法侧重于人的主体性。应用语言学家 Busch（2012：503）提出语言肖像可作为实证研究的基础，以研究说话者如何构思和再现异语库，他证实了语言肖像法在调查复杂的个人多语言库中的重要价值。

语言肖像研究包括参与者创建语言肖像和解释语言肖像，实际难题在于分析的强度和难度。语言肖像研究人员通常考察 15 幅语言肖像，由于文章篇幅限制，在报告中只集中讨论 5 到 8 幅肖像。在复杂的多语库背景下，关注单个语言肖像的认知概念化是有益的。本文拟扩展语言肖像方法，对 105 名南非青年结构化的语言肖像数据进行定性和定量分析，以揭示南非人对非洲语言的具身概念化特征。

2 研究背景

近年来，语言研究中的视觉研究方法越来越突出（Pitkänen-Huhta &

Pietikäinen, 2017: 394）。视觉研究的重要进展之一是语言肖像法的使用。一幅语言肖像的产生有以下步骤：受试需为他们所知道 / 使用 / 期望使用的每一种语言选择一种颜色，然后将这些语言放置在人体轮廓的特定部位，然后给人体轮廓着色。此外，受试还需对肖像做出说明，解释语言颜色的选择和把某种语言搁置在人体轮廓上某个部位的原因。语言肖像法有三个优点。首先，它可以帮助语言使用者表达和反思语言体验。其次，作为一种视觉方法，它“颠覆”了传统的思维方式和谈论语言的方式，例如，Busch（2010：286）指出从书面 / 口头到视觉表现方式的变化产生了不受体裁约束的叙事形式。最后，语言肖像法强调人们对所知语言情感体验的中心作用，例如，Coffey（2015：504）声称语言肖像能够使受试者反思他们与不同语言的情感和体验关系，能将语言体验视为身体感受到的情感表达结构。

语言肖像法在西方学界受到关注。语言肖像研究是由 Gogolin 和 Neumann（1991）发展而来的，他们使用语言肖像法来评估小学儿童的语言意识。出于各种目的，学者们对语言肖像进行了广泛研究。Krumm（2013：165）使用语言肖像来研究欧洲多语言学习者的语言意识、态度和认同感；Busch（2010，2012）利用语言肖像法加强了对南非多语库的研究，以期改善教育政策；Bristowe 等（2014），Dressler（2014），Prasad（2014），Lau（2016），Van Zyl（2016）和 Kruger（2018）等学者利用语言肖像从个人和社会层面来研究南非双语和多语人群语言和身份之间的关系；Coffey（2015），Botsis 和 Bradbury（2018）等通过分析语言肖像中使用的隐喻，研究教师和多语人群的亲身体验。

这些研究基于几幅（最多 8 幅）语言肖像，主要研究了语言意识、文化认同、语言教育政策和语言教师的概念隐喻。基于更多语言肖像样本，揭示南非人对非洲语言的概念化特征和潜在文化概念化的研究还少有涉及。

3 理论基础

人们对某门语言的概念化是以体验认知为基础的，也是认知语言学研究的重要内容。基于体验哲学建立起来的认知语言学认为，语言既反映了人对现实世界的认知过程和结果，又是认知活动的工具（文秋芳，2013：2）。近年来，认知语言学越来越关注语言的社会性，促成了认知语言学研究的“社会转向”，由此产生了认知社会语言学（李恒，2014：114）。认知社会语言学是认知语言学和社会语言学的融合与补充，它强调研究语言不仅要考虑使用者的认知能力，还要考虑社会文化因素，说话者认知系统中的文化模式是研究焦点之一。总之，认知社会语言学主要探讨社会、认知以及文化之间的联系。

从认知社会语言学视角看，说话者使用的特定语言能揭示语言蕴含的普遍概念隐喻，而这些概念化又反映了不同文化特征和文化图式。Sharifian 等（2008）首次将“概念化”与“文化”并列，提出了“文化概念化”这一说法（李恒、李福印，2012：141）。Sharifian 等（2008）指出，人类最基本的行为、思想和情感可以通过超越个体认知、社会和文化层级的概念化识解（张辉、周红英，2010：39）。文化概念化是指文化群体成员在交际中所形成的概念知识单位，如图式、范畴、概念隐喻等（王金巴，2013：74）。同一个文化群体成员基于自身认知不同会形成异质的文化概念，但从某种意义上而言，所产生的文化概念又具有一定的普遍性。文化概念化强调了概念化的个人认知与社会文化的双重属性，同时，也反映了认知与文化对概念化所产生的影响作用。

语言肖像研究焦点是体验在共享文化意义中的作用，与认知社会语言学研究重点基本一致。本文提出的语言肖像分析法扩展了认知社会语言学的方法论，它结合了语言肖像、语料库语言学及其定量方法，借鉴了概念隐喻理论及其定性方法，即检索特定语言系统中固有的概念隐喻（Lakoff & Johnson，1980; Kövecses，2003，2005; Steen *et al.*，2012）。由于身体的某些部位和身体体验在理解文化概念化和概念隐喻方面的作用特别突出（Sharifian *et al.*，2008; Maalej & Yu，2011; Kövecses，2015），本文利用语言肖像法来揭示南非语境下受试对自己语言库中各种语言的概念化。

4 实验设计

4.1 研究问题

语言肖像研究者认为研究应该基于受试对自己语言肖像的解释，以增加研究结果的可信度（Prasad，2014：58–59; Botsis & Bradbury，2018：414）。我们将受试在反思其肖像时所提供的结构化文本视为肖像语料库，如此便可以结合基于语料库的方法和文本数据的定性编码对其进行分析。基于肖像语料库，本文重点研究受试对所知语言的概念化，因为概念化与人们把语言放到人体轮廓上的特定位置有关，同时由于文化差异的影响，语言的颜色选择将不包括在本文的分析之中。研究主要聚焦三个问题：

第一，受试把某种非洲语言搁放在人体轮廓的什么位置？

第二，受试为什么把某一语言搁放在人体轮廓的特定位置？

第三，从受试的解释中，我们可以发现非洲语言哪些体验性概念隐喻？

4.2 受试者

受试者是豪登西北大学（NWU）瓦尔三角校区的105名学生，女性74名，男性31名，大多数受试年龄在19—24岁之间。本研究首先让受试对母语等基本信息进行自我报告。如表1报告表明受试中有27.6%的人将南索托语作为母语，说南非荷兰语与祖鲁语的人分别占17.1%。据报告，该地区 46.7% 的人口母语为南索托语，15.7% 的人口母语为祖鲁语，14.9% 的人说南非荷兰语，其余 22.7% 的居民说其他语言，通常不到 10000 人。因此，根据表 1 的人口统计数据，我们认为受试能代表瓦尔三角地区的城市青年。

研究中纳入了受试者语言库中不同非洲语言的相关概念。任何语言都可能在受试者的语言库中占据与其感知地位相应的中心或边缘位置。换句话说，一个认为南索托语是母语的受试者最有可能将该语言定位在人体轮廓的中心位置；而其余的非洲语言，例如祖鲁语，可能被放置在人体轮廓的边缘位置。

表 1　受试者自我报告的母语分布

自我报告的母语	**频率**	**百分比**
南索托语	29	27.6
南非荷兰语	18	17.1
祖鲁语	18	17.1
北索托语	12	11.4
茨瓦纳语	9	8.6
英语	8	7.6
斯瓦特语	3	2.9
葡萄牙语	2	1.9
荷兰语	1	1.0
恩德贝勒语	1	1.0
聪加语 / 尚加纳语	1	1.0
科萨语	1	1.0
南非荷兰语、英语、南索托语	1	1.0
英语、祖鲁语	1	1.0
总计	**105**	**100**

4.3 启发性材料和数据收集过程

2018 年 10 月 16 日至 11 月 18 日，研究助理在西北大学（NWU）瓦尔三角校区收集了数据。该研究助理邀请进出学校图书馆的学生担任志愿者完成人口统计问卷并创作肖像。受试的问卷描述（包括性别、年龄、人口群体、母语）对于确定他们是不是该校典型学生群体非常重要。为了确保学生自愿参与语言肖像项目，只有提供书面知情同意书的参与者才被邀请参与该项目，这些数据构成了本文分析报告的一部分。受试者和研究助理在学校图书馆休息室的一张桌子旁，在没有时间限制的情况下完成启发性材料，有少数受试者带走肖像材料，但被要求在一天内完成并归还材料。

启发性材料包括（1）一份个人简历调查表，其中记录了受试者的人口统计和语言细节；（2）需要受试涂抹颜色的人体轮廓；（3）为语言选择颜色和身体部位做出解释的模板（见图 1）。问卷提供了对受试的信息描述及语境化调查结果，而模板用于创建语料库。实验过程中，每位受试收到一套蜡笔（12 种颜色）、语言肖像材料、调查问卷以及用于解释说明的模板。

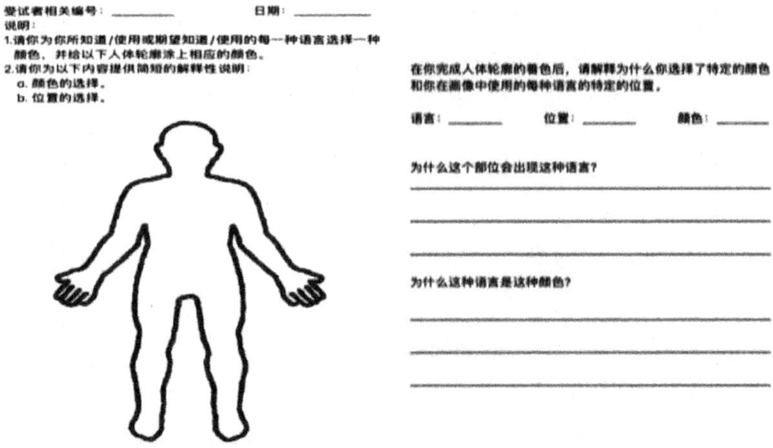

图 1　语言肖像研究的启发性材料（Van Zyl, 2016）

4.4 数据处理与分析

数据分析有三个步骤。

第一步，使用 WordSmith 来分析模板所示解释文件，并为受试所有回答创建单词列表。该分析中总共有 499 篇关于肖像的独立陈述，其中 283 篇与非洲语言有关，93 篇与英语有关，66 篇与南非荷兰语有关。表 2 列出了与肖像轮廓中语言位置相关的三种语言组的交叉列表频率。单词列表分析表明，“手臂和手”“腿和脚”“头和心”等部位是受试将所知语言放置在人体轮廓中最突出的部位。正如认知语言学所研究的体验，这些词项反映了中心和边缘（头 / 心、手 / 臂、脚 / 腿）以及认知和情感（头 / 心）的二分法。

第二步，基于受试在肖像轮廓上放置语言的单词列表频率，用第 8 版 Atlas.ti 分析了与“手臂和手”“腿和脚”“头和心脏”相关的内容，并通过 In Vivo 编码以识别受试在描述中产生的关键词。In Vivo 编码被定义为“在定性数据中发现的实际语言的单词或短语”（Saldaňa, 2016：105）。

表 2　非洲语言、英语和南非荷兰语肖像部位交叉列表

词目	总数	非洲语言		英语		南非荷兰语	
		56.7%		18.6%		13.2%	
		词符	百分比	词符	百分比	词符	百分比
手	219	125	57.1	41	18.7	37	16.9
左边	194	108	55.7	25	12.9	43	22.2
腿	182	111	61.0	25	13.7	20	11.0
右边	178	109	61.2	31	17.4	11	6.2
头	175	75	42.9	72	41.1	16	9.1
手臂	137	86	62.8	20	14.6	18	13.1
脚	127	64	50.4	11	8.7	22	17.3
心	123	81	65.9	13	10.6	16	13.0

第三步涉及“编码”（Saldaňa，2016：229），该步骤将 In Vivo 分析中语义相似的关键词重新聚类为更广泛的子主题。Atlas.ti 分析的目的是促进受试对语言在人体轮廓位置上（手臂和手、腿和脚、头和心脏）的分类解释，并调查三个语言组的语言概念化是否有相似点和异同点。将肖像数字化以实现数据共享和转录，视觉轮廓数据（如图 2）是根据数据捕获和编码转录而来的。受试利用文字来解释他们为什么把某语言搁置在人体轮廓上特定部位，以此提供了对语言肖像的阐释。

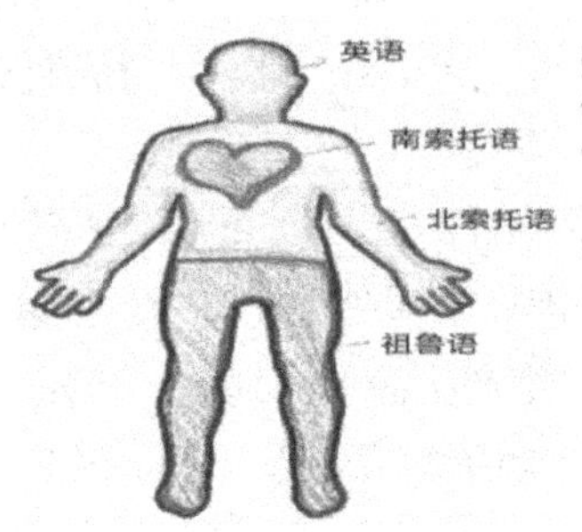

图 2　彩色 / 注释人体轮廓样本，包括英语、南索托语、北索托语和祖鲁语（受试者 19）

5　结果分析

5.1 定量结果

从表 2 可以看出，语言在人体轮廓上放置的最突出的部位是手、腿、头、臂、脚和心脏。方便起见，人体轮廓上相关部位（如手臂和手）的结果将一起呈现，因为受试者通常在解释中交替使用这些相关部位。本研究不涉及左和右的讨论，因为 Casasanto（2009）的实验证实了某些与身体特异性相关的抽象概念化，例如 RIGHT IS GOOD 和 LEFT IS

BAD，受试者的用手习惯决定了他们将“左”或“右”定义为“好”或“坏”，对于惯用右手的受试而言，“右”代表好，而对于惯用左手的受试而言，“左”代表好。由于我们意识到 LEFT 和 RIGHT 概念化的影响，我们在分析中把它们忽略。

从表 2 还可以看出，三种语言在人体轮廓部位中搁置的位置存在差异。非洲语言被搁置的突出部位是心脏、手臂和腿，对于英语来说是头部，对于南非荷兰语来说是脚和手。由于文章篇幅的限制，我们将重点分析受试把非洲语言放在人体轮廓中某个显著部位的解释。

5.2 定性结果

非洲语言在人体轮廓特定部位上的显著概念化，这是对其他语言肖像和认知社会语言学研究的重要补充。

5.2.1 手臂和手

在本语料库中，非洲语言子语料库占所有数据的 56.7%。arm 出现了 86 次，占 arm 语料库总数的 62.8%；hand 的频率为 125 次，占 57.1%。这两个词目（lemma）所呈现的数据都没有表现出显著的代表性过强或不足。然而，受试经常相互替换使用 arm 和 hand，这可能是因为两个部位的物理邻近性和一些南非土著语没有对 arm 和 hand 进行区分。Atlas.ti 中 In Vivo 编码分析发现非洲语言显现了三个突出的概念化：AFRICAN LANGUAGES ARE LANGUAGES PLACED AT THE MARGINS OF THE BODY，AFRICAN LANGUAGES ARE INFLUENTIAL LANGUAGES，AFRICAN LANGUAGES ARE HELPING HANDS。

概念隐喻 AFRICAN LANGUAGES ARE LANGUAGES PLACED AT THE MARGINS OF THE BODY 的产生与手臂和手作为人体的边缘部位有关。把语言搁置身体的边缘位置就等同于在日常交流中处于边缘（示例〈1〉—〈3〉），手和手臂被放在身体边缘部位，表示某些非洲语言只是勉强被习得（示例〈1〉和〈2〉）：

（1）“我把北索托语放在下臂是因为它不是我日常生活的重要

部分，我只和朋友一起时才使用它。”（受试者 93）

（2）“手。祖鲁语，我只用来和一些亲戚交流的语言，手是用来做事和进行某项工作的，因此我用祖鲁语来进行对话。”（受试者 83）

（3）“左手。我不太懂南索托语，但我确实懂一点。这门语言在南非使用得较多。”（受试者 48）

研究结果表明身体上的某些部位被概念化为边缘部位，同样也表明受试不太懂该门语言。例如，Dressler（2014：46）发现，相比之下，手、手臂和脚，远离头部的部位通常代表“不了解”某种语言。尽管我们知道，认知社会语言学研究迄今还没有直接解决中心和边缘体验问题，但 Sharifian 等（2008：3–4）观察了身体中大脑部位的文化特定概念化，大多数文化将中心认知能力置于腹部、心脏或大脑区域。我们认为在文化概念中突出所谓的腹部中心主义、心脏中心主义和大脑中心主义支撑了手臂 / 手（腿 / 脚）在语言体验中是边缘部位的观点。由于适用性有限或一些受试的习得不完全，非洲语言被认为是边缘语言，但非洲语言也被概念化为 AFRICAN LANGUAGES ARE INFLUENTIAL LANGUAGES（示例〈4〉和〈5〉）。

（4）“上半身包括手臂——上半身控制着人体的大多数部位。北索托语也是南非最常见的语言之一，擅长说这种语言的人经常使用该语言。”（受试者 19）

（5）“左臂。尽管我可能不是祖鲁人，但我觉得祖鲁文化对我的生活有很大的影响。把它放在左臂位置，表明它也有用。”（受试者 41）

Coffey（2015）发现语言在看似边缘的部位上和说话者对语言的主观印象有关。他指出“核心——边缘”连续体与情感强度有关，当身体的某一部位与整个身体的关系不同时，表达身体体验的方式也不同

（Coffey，2015：505–506）。总之，这些数据显示非洲语言及其交际价值之间的关系。有七位受试直接提出了 AFRICAN LANGUAGES ARE HELPING HANDS 的概念隐喻，这进一步深化了与非洲语言相关的交际价值和文化关联的概念，如示例（6）—（9）所示。

（6）“我选择双臂，表明这种语言对我来说有帮助，能够让我和我周围的人交流，因为我的社区里有很多人都说索托语。”（受试者 35）

（7）“这种语言有助于交流，并为远亲文化助一臂之力。”（受试者 36）

（8）“我选择手臂是因为它让我想起了我的妈妈，她是恩德贝勒人，妈妈总是在我最低落的时候伸出手来帮助我。”（受试者 61）

（9）“把非洲语言放在手的位置上，是因为它帮助我与聪加人交流和接触。”（受试者 7）

这些例子显示了身体体验和言语交际行为之间的对应关系，在言语交际行为中，为了在说话者和听话者之间建立听觉联系，声音序列被表达出来。在本研究数据以及 Botsis 和 Bradbury（2018：416）分析的例子中，用非洲语言进行接触或交流的行为被概念化为与他人建立积极联系，受试使用非洲语言来交际和交友，主要是为了帮助他们。

5.2.2 腿和脚

词目 leg 在总数据中出现了 182 次，而 foot 出现了 127 次。其中，与非洲语言相关的 leg 词符有 111 个，词目 leg 没有显示出任何显著的代表性过强或不足，词目 foot 与非洲语言有关的词符有 64 个，其代表性明显不足。foot 相对于 leg 出现频率低的原因可能在于两个部位的物理邻近性以及在一些南非土著语中没有对 leg 和 foot 进行区分。

Atlas.ti 分析产生了 62 个 leg 和 foot 的 In Vivo 代码，发现了与非洲语言体验相关的三个潜在概念化：THE SIZE OF THE FEET IS THE DEGREE OF KNOWLEDGE AND/OR IMPORTANCE OF A

LANGUAGE，AFRICAN LANGUAGES ARE FOUNDATION AND SUPPORT，KNOWLEDGE OF AFRICAN LANGUAGES ENABLES MOVEMENT TOWARDS DESIRABLE DESTINATIONS OR GOALS。

概念化 THE SIZE OF THE FEET IS THE DEGREE OF KNOWLEDGE AND/OR IMPORTANCE OF A LANGUAGE 涉及受试对其语言熟练程度的表达、对非洲语言的传播和重要性的看法，以及对习得这些语言的难易程度的看法。总的来说，大小的概念似乎存在于腿和脚的概念化中，其中脚体积很小，因此表明语言知识的有限性和重要性，而腿体积较大，因此对应对语言的熟练度更高或语言的传播更广（见示例〈10〉—〈13〉）。

（10）“脚是一个很小的部位，我只了解一点索纳语。”（受试者 20）

（11）“茨瓦纳语和斯瓦蒂语没什么不同，它们都是南非较少使用的语言，因此我把它放在大腿部位。”（受试者 28）

（12）“腿——我去的大多数地方的人都说祖鲁语。它是南非最常见的语言之一。”（受试者 19）

（13）“选择一条腿和上半身的一部分，这表明这种语言是我的支柱，我的根，而且它是最常用的语言。”（受试者 18）

示例（13）不仅阐明了腿的体积大小（相对于脚）和语言使用频率之间的对应关系，它还显示了一个概念隐喻：AFRICAN LANGUAGES ARE FOUNDATION AND SUPPORT。示例（14）—（17）表明，特定非洲语言在腿或脚的部位与这些语言的概念化有关，因为这些语言是学习其他南非语言的基础，同时也是群体成员和社会融合的内在基础。另外，这些语言知识与腿或脚相关联，是因为它们使说话者根植于各自的文化，并传递出一种社会稳定的感觉。

（14）“因为这是南非的基础母语之一，如果你想被社会所接受，你就得学习它。”（受试者 99）

（15）“我将祖鲁语放在脚的部位，因为对我来说，它象征着一种文化。这种语言坚定了人们的基本信仰。”（受试者 57）

（16）“祖鲁人非常喜欢他们的文化，并且深深扎根于他们的文化之中。”（受试者 100）

（17）“我一半是科萨人，一半是祖鲁人，基于此我将语言放置在两条腿的部位。”（受试者 22）

将非洲语言置于人体轮廓的腿部或脚部，揭示了概念化 KNOWLEDGE OF AFRICAN LANGUAGES ENABLES MOVEMENT TOWARDS DESIRABLE DESTINATIONS OR GOALS。腿和脚作为身体运动的工具，其运动功能的图式知识等同于心理发展的抽象过程，从而产生了许多较小的隐喻概念，例如 PHYSICAL ABILITY IS MENTAL ABILITY 和 MENTAL STRENGTH IS PHYSICAL STRENGTH。这些概念化都指向一个共同的隐喻： MIND-AS-BODY，其涉及感知体验（如行走和说话）与认知过程之间的常规映射（Kövecses，2005：103–104; Sweetser，1990：28）。因此，语言习得的过程被视为行走的过程，语言知识使说话者在身体上（实际是在精神上）朝着理想的目的地前进（见示例〈18〉–〈21〉）。

（18）“我选择了整条腿，因为我在学科萨语的同时学会了斯瓦蒂语，我学会了走路就如同我学会了用手一样（比喻性地）。”（受试者 86）

（19）“南索托语是我和朋友在一起时使用的语言，当我和朋友散步时，我会谈论南索托族，因此我把南索托语放在腿部。”（受试者 68）

（20）“对我来说，腿代表行动，我把它放在那里象征着进步，我想要提高自己。”（受试者 43）

（21）“因为茨瓦纳语是南非语言的基础，就像脚一样。当你会茨瓦纳语时，你就可以去南非北部旅行。”（受试者 54）

受试表达了三种非洲语言概念化。我们的发现类似于 Botsis 和 Bradbury（2018：418，421，427）的研究，即将语言放置在腿和脚的部位是身体和社会流动性的象征。我们还发现非洲语言也代表发展和向上流动性。如果对足够大的数据集进行分析，多语言人群在不同背景下的复杂体验可能会揭示不同语言间概念化的共享模式。

5.2.3 头部

在非洲语言库中，词目 head 出现了 75 次，占整个语料库项目总数的 42.9%，head 作为非洲语言的代表，其代表性明显不足。尽管代表性不足，但受试者在 Atlas.ti 中涉及 head 的 In Vivo 编码产生了 24 个代码，总共有 92 个词项与非洲语言放置在头部的位置有关，从中可以提取出许多显著的概念模式，这些模式产生了两个主要的概念化：AFRICAN LANGUAGES ARE HOME，FOUNDATION，GROWTH AND CULTURAL IDENTITY 和 AFRICAN LANGUAGES ARE COGNITIVE STRENGTH。

（22）“这是我的母语，也是我开始了解地球上事物的第一种语言。头部代表着对我是谁的记忆，以及当我不在的时候人们会如何记得我，任何行为都是从思想开始的，因此它象征着我的身份和起源。”（受试者 6）

（23）“头。这是我从小学习的一种语言，它构成了我的文化和传统的一部分。在我家它是一种教导性和权威性的语言，我从小就必须对它了如指掌。”（受试者 45）

（24）“因为我认为这种语言是建立了解我是谁以及对部落自豪感的基础，因此我给头和心脏涂上了颜色。”（受试者 28）

概念化 AFRICAN LANGUAGES ARE HOME，FOUNDATION，GROWTH AND CULTURAL IDENTITY（示例〈22〉—〈24〉）表达了一个潜在的概念，即头部作为身体的一部分，是个人和文化群体记忆所在之处，也是控制两者功能的部位。头部是感知和认知的根源，因此其被概念化为一切事物的基础，是文化认同的家园。结合文化身份、成长和基础的概念，头部是与认知和认知强度相关的部位，因此产生了 AFRICAN LANGUAGES ARE COGNITIVE STRENGTH 的概念（示例〈25〉—〈26〉）。非洲家庭语言作为受试从出生起就需要习得的语言，因此它可以作为第一语言，这也与人们扎根于文化群体的概念相联系。

（25）“茨瓦纳语在头部的位置，因为我非常了解它，在我说话前，我不必考虑我想说什么。”（受试者 101）

（26）“这是我与他人互动或思考时想到的第一语言。这自然就发生了。”（受试者 14）

头部与认知能力的联系反映了一种潜在的概念二分法，即 Sharifian 等（2008：5）所说的“头部（智力产生之所在）和心脏（情绪产生之所在）之间的二元论”。同样，许多研究结果表明非洲语言放置在头部与受试的文化身份、母语的概念化以及对语言的思考和认知有关。Botsis 和 Bradbury（2018：426）的研究表明：对于南非的受试而言“英语最常被放置在头部，而非洲语言被放置在身体其他部位”，但在我们的研究中没有证实这一发现，因为非洲语言也被概念化为“领袖语言”。

5.2.4 心脏

数据显示非洲语言词目 heart 出现了 81 次，占 heart 总数的 65.9%，这一词目的比例过高，数据表明把非洲语言放置在心脏部位有很强的趋向性。In Vivo 编码总共创建了 37 个代码，产生了以下概念化：AFRICAN LANGUAGES ARE HOME，AFRICAN LANGUAGES ARE CULTURAL IDENTITY，AFRICAN LANGUAGES ARE FEELINGS AND EMOTIONS（示例（27）—（28））。

（27）“心脏。这是我的母语。当我和说同一种语言的人在一起时，我感到很舒服。”（受试者 19）

（28）“我把非洲语言放置在心脏和胸膛的部位，因为这是我的母语。这门语言承载着我的身份、文化和传统。这是我的第一语言。”（受试者 7）

虽然这些概念化主要与非洲语言的文化重要性联系在一起，但体验概念化 AFRICAN LANGUAGES ARE FEELINGS AND EMOTIONS 是值得注意的。非洲语言不仅被放置在头部，象征认知能力，还被放置在心脏部位，这与情感和情绪有联系（示例（29）—（30））。

（29）“心脏。这是我的母语，所以我爱它。心代表爱，我通过母语来表达我的感受和情感。”（受试者 84）

（30）“心脏是生存所需的主要器官，通常象征着爱或情感。祖鲁语是浪漫且热情的语言。”（受试者 51）

研究发现语言在人体轮廓中心脏的位置与受试文化身份以及表达情感的语言有关。Bristowe 等（2014：432），Coffey（2015：507–508）以及 Botsis 和 Bradbury（2018：416，418）也报告了类似发现，他们将其与上文讨论的“大脑—心脏”或“情绪—认知”的二分法相联系。

6 讨论

数据分析揭示了：在对自身语言使用的反思中，多语言使用者具身体验发挥了核心作用。语言肖像法被证明是评估个人的元语言意识及其潜在的认知概念模式的有效方法。虽然仅从身体部位引出比喻性语言可能有局限性，但 Kramsch（2009）的研究结果支持了语言肖像法，他报告了语言肖像的身体隐喻偏好。这表明在身体和语言领域之间存在着一种认知上的联系，这种联系对于说话者来说是很容易理解的。因此，通过人体轮廓来研究语言库是一个合理的选择，而该方法所产生的比喻语言模式表明：具身体验在元语言意识中的强大作用。虽然具身假设（Lakoff & Johnson，1980：112）所构成的约束可能是一个潜在的陷阱，特别是受到身体结构对抽象空间配价映射（Casasanto，2009：364）的影响，但本研究数据仍然非常有效。因为研究参与者都有相同的基本身体构造，同时，肖像一语料库方法的主要优势是消除具身语言使用的单个特殊体验，即超越个人体验的共同文化认知且具有足够高频率的概念化。因此，更大数据集的语言肖像方法可以补充多语环境下个人语言体验的真知灼见，在多语言环境下以加深人们对语言库和语言具身体验之间关系的理解。

本研究数据中，语言和身体的许多概念化与其他语言肖像和认知社会语言学研究建立的概念化类似，比如中心和外围的概念化区分(Sharfian *et al.*，2008：3–4; Coffey，2015：505–506），因此 THE POSITION OF A LANGUAGE IN A CENTRAL/PERIPHERAL BODY PARTY IN THE SILHOUETTE AS THE DEGREE OF CENTRALITY/MARGINALITY OF A LANGUAGE IN THE REAL WORLD。此外，数据显示了大脑一心 / 认知一情绪之间潜在的二分法（Kövecses，2003：18; Parrott，1995：74），因此 HEAD IS THINKING，KNOWING AND COGNITIVE STRENGTH 而 HEART IS SENSING，FEELING AND EMOTIONALITY。总而言之，我们的分析揭示了语言学习、知识和使用的概念隐喻，这似乎表明一个共同的心灵即身体隐喻（Sweetser，1990：28）在起作用，如 PHYSICAL ABILITY IS MENTAL ABILITY，MENTAL STRENGTH IS PHYSICAL STRENGTH 和 MENTAL DEVELOPMENT IS PHYSICAL MOVEMENT。

本研究数据与之前的分析有一个不同之处，那就是强化了非洲语言在人体轮廓的各个部分都有体现这一整体概念。第二个不同是，数据显示语言熟练程度或语言知识的规模的概念比以前的研究更突出，主要有五个原因：第一，更大的数据集使多概念跨越多语言变得可见，因此，在较小的数据集中看起来突出的独特性，在更大的数据集中是“水平”的、不突出的。第二，语言肖像法应用于一个多语言广泛使用并深入人心的社会，有可能使多语言者更有效地比较各自语言库的语言。第三，就多语而言，人们可能会更加意识到其复杂的语言库中语言熟练程度之间的差异，而语言肖像作为启发性材料为记录这种元语言意识提供了理想的环境。第四，基于语料库的方法使搭配研究能够帮助编码器意识到“大小”的程度，而用传统的定性语言描述和采访方法，大小不太明显。我们可以将“大多数”“许多”“很少”等数量级的指标与人体轮廓上更突出的语言位置相搭配。第五，本研究数据包括语言和情绪之间联系的概念化和作为认知现象的语言概念化，这种认知现象对语言肖像法可能偏向于语言相关的情感概念化的观点（Busch，2010：288）提出了挑战。

7　结语

研究者们运用语言肖像法产生的许多真知灼见，对认知社会语言学而言也是一件幸事，因为肖像—语料库方法为该学科研究提供了新的有效方法。这种分析方法为研究者提供了文本语料库（可以利用跨语言来比较语言使用具身体验）和量化处理大规模语言肖像数据的分析方法。WordSmith 和 Atlas Ti 的结合在解释我们的数据时，从定量和定性的两个角度产生了互补的论点，推导出有意义的语言具身概念化。肖像—语料库方法还可以发现至少一种新的或不那么突出的语言概念化，即提高多语言参与者的元语言意识。在复杂的语言库环境中，理解语言意识、语言习得、维持或减少语言使用之间的关系非常重要，肖像语料库法可以为语言意识的研究提供一种全新方法。

参考文献

[1] Aronin, Larissa & Singleton, David. *Multilingualism* [M]. Amsterdam: John Benjamins, 2012.

[2] Blommaert, Jan & Backus, Albert. Superdiverse repertoires and the individual. In Ingrid de Saint-Georges and Jean-Jacques Weber (eds.). *Multilingualism and Multimodality: Current Challenges for Educational Studies* [M]. Sense Publishers, Rotterdam: 2013, 11–32.

[3] Botsis, Hannah & Bradbury, Jill. Metaphorical sense-making: Visual narrative language portraits of South African students [J]. *Qualitative Research in Psychology*, 2018, 15(139): 412–430.

[4] Bristowe, Anthea & Oostendorp, Marcelyn *et al*. Language and youth identity in a multilingual setting: A multimodal repertoire approach [J]. *Southern African Linguistics and Applied Linguistics*, 2014, 32(2): 229–245.

[5] Busch, Brigitta. School language profiles: Valorizing linguistic resources in heteroglossic situations in South Africa [J]. *Language and Education*, 2010, 24(4): 283–329.

[6] Busch, Brigitta. The linguistic repertoire revisited [J]. *Applied Linguistics*, 2012, 33(5): 503–523.

[7] Casasanto, Daniel. Embodiment of abstract concepts: Good and bad in right- and left- handers [J]. *Journal of Experimental Psychology: General*, 2009, 138(3): 351–367.

[8] Coffey, Simon. Reframing teachers' language knowledge through metaphor analysis of language portraits [J]. *The Modern Language Journal*, 2015, 99(3): 500–514.

[9] Dressler, Roswita. Exploring linguistic identity in young multilingual learners [J]. *TESL Canada Journal*, 2014, 32(1): 42–52.

[10] Gogolin, Ingrid & Neumann, Ursula. Sprachliches Handeln in der Grundschule [J]. *Die Grundschulzeitschrift*, 1991, 43(5): 6–13.

[11] Kövecses, Zoltán. *Metaphor and Emotion: Language, Culture, and Body in*

Human Feeling [M]. Cambridge: Cambridge University Press, 2003.

[12] Kövecses, Zoltán. *Metaphor in Culture: Universality and Variation* [M]. Cambridge: Cambridge University Press, 2005.

[13] Kövecses, Zoltán. *Where Metaphors Come From: Reconsidering Context in Metaphor* [M]. Oxford: Oxford University Press, 2015.

[14] Kramsch, Claire J. *The Multilingual Subject: What Foreign Language Learners Say About Their Experience and Why It Matters* [M]. Oxford: Oxford University Press, 2009.

[15] Kruger, Chantelle. *Die verhouding tussen taal en sosiale integrasie in Suid-Afrika [The Relationship between Language and Social Integration in South Africa]* [D]. South Africa: NorthWest University, 2018.

[16] Krumm, Hans-Jürgen. Multilingualism and identity: What linguistic biographies of migrants can tell us // Peter Sigmund, Ingrid Gogolin, Monika E. Schulz & Julia Davydova (eds.). *Multilingualism and Language Diversity in Urban Areas: Acquisition, Identities, Space, Education* [C]. Amsterdam: John Benjamins, 2013.

[17] Lakoff, George & Johnson, Mark. *Metaphors We Live By* [M]. Chicago/London: The University of Chicago Press, 1980.

[18] Lau Sunny Man Chu. Language, identity, and emotionality: Exploring the potential of language portraits in preparing teachers for diverse learners [J]. *The New Educator*, 2016 12(2): 147–170.

[19] Maalej, Zouheir A. & Yu, Ning (eds.). *Embodiment via Body Parts: Studies from Various Languages and Cultures* [M]. Amsterdam: John Benjamins, 2011.

[20] Parrott, W. Gerrod. The heart and the head: Everyday conceptions of being emotional // James A. Russell, José-Miguel Fernández-Dols, Anthony S. R. Manstead & Jane C. Wellenkamp (eds.). *Everyday Conceptions of Emotion* [C]. Dordrecht: Kluwer, 1995.

[21] Pitkänen-Huhta, Anne & Pietikäinen, Sari. Visual methods in researching language practices and language learning: Looking at, seeing, and designing language. *Research Methods in Language and Education* [J]. 2017: 393–405.

[22] Prasad, Gail. Portraits of plurilingualism in a French International School in Toronto: Exploring the role of visual methods to access student's representations of their linguistically diverse identities [J]. *Canadian Journal of Applied Linguistics*, 2014, 17(1): 51–77.

[23] Saldaňa, Johnny. *The Coding Manual for Qualitative Researchers* [M]. Los Angeles: Sage, 2016.

[24] Sharifian, Farzad & Driven, René *et al.* Culture and language: Looking for the "mind" inside the body // Farzad Sharifian & René Driven et al. (eds.). *Culture, Body, and Language: Conceptualisations of Internal Body Organs across Cultures and Languages* [C]. Berlin: Mouton de Gruyter, 2008.

[25] Steen, Gerard J. & Dorst, Aletta G. *et al.* Metaphor in usage [J]. *Cognitive Linguistics*, 2012, 21(4): 765–796.

[26] Sweetser, Eve. *From Etymology to Pragmatics: Metaphorical and Cultural Aspects of Semantic Structure* [M]. Cambridge: Cambridge University Press, 1990.

[27] Ushioda, Ema. The impact of global English on motivation to learn other languages: Toward an ideal multilingual self [J]. *The Modern Language Journal*, 2017, 101(3): 469–482.

[28] Van Zyl, Adrianna Josina Maria. *The Native-speaker Debate: The Case of the Afrikaans English Teacher's Identity in Thailand* [D]. South Africa: North-West University, 2016.

[29] 李恒，李福印．认知语言学中的文化反思——《文化概念化和语言：理论框架与应用》评介 [J]. 国外社会科学，2012(6): 139–142.

[30] 李恒．认知社会语言学的崛起与反思 [J]. 自然辩证法通讯，2014(5): 114–118，128.

[31] 文秋芳．认知语言学与二语教学 [M]. 北京：外语教学与研究出版社，2013.

[32] 王金巴．英语语言的文化概念化研究 [J]. 运城学院学报，2013(1): 74–78.

[33] 张辉，周红英．认知语言学的新发展——认知社会语言学——兼评 Kristiansen & Dirven (2008) 的《认知社会语言学》[J]. 外语学刊，2010(3): 36–42.

语言如何影响认知

——《语言识解：从视觉效应观察语言对事件感知及其概念化的影响》[①] 一文述评 [②]

（四川外国语大学 外国语文研究中心，重庆 400031）
胡志勇　关佳修　李燕　李帅英

摘要： 识解（construal）是认知语言学的一个核心概念，Langacker（1987, 2008, 2019）将其定义为“我们用不同方式描述相同情景的能力”。尽管它对语言现象具有强大的解释力，但鲜有学者从实验的角度进行论证。Divjak & Milin 等（2020）通过眼动实验做了进一步研究，考察了语言介入对场景感知及其概念化的影响，这一研究在认知语言学中具有重要的实践和理论意义。本文全面介绍了该研究的具体内容、研究方法、

---

① Divjak, Dagmar & Milin, Petar et al. Construal in language: A visual-world approach to the effects of linguistic alternations on event perception and conception [J]. *Cognitive Linguistics*, 2020, 31(1): 37-72.

② 基金项目：本文系国家社科基金项目“因果构式力动态研究”（20XYY001）的阶段性成果。此文也是四川外国语大学校级研究生科研创新一般项目“ENABLE 构式的力动态研究”（SISU2022YZ079）、科研创新一般项目“A PREVENT B 构式的力动态研究”（SISU2022YZ078）以及科研创新一般项目“CAUSE 构式的力动态研究”（SISU2022YZ101）的阶段性成果。

实验设计及其基本结论，重点评述了其创新性和不足，并进一步展望了未来可能的研究方向。

关键词： 识解；感思；眼动实验；创新性；不足

1 引言

识解是认知语言学中的一个核心概念，对语言现象具有强大的解释力，在认知语言学中占有非常重要的地位。Langacker（1987, 2008, 2019）把这个术语定义为“我们用不同方式描述相同情景的能力”。最近，Langacker（2016, 2019）把识解又重新划分为视角、选择、突显、动态和想象五类范畴。我们发现，人们对客观外界的感知体验和认知加工会产生不同的识解方式，这些方式往往相互作用、交织进行，即使是同一场景也会有不同的识解方式。正是如此，语言为我们理解同一场景提供了丰富多彩的表达方式，且每一种表达体现着独有的识解特征。

虽然识解已受到语言学家们的广泛关注，但是更加精细的实证研究并不多见。尤其是，不同语言表达反过来又是如何影响人们认知识解的，尚待研究。鉴于此，Divjak & Milin 等（2020）通过眼动实验动态考察了三类语言（介词、语态和格范畴）对场景感知及其概念化的影响，我们认为，这一研究在认知语言学中具有非常重要的理论价值和方法论意义。下文将全面介绍该研究的具体内容、研究方法、实验设计及其基本结论，重点评述了其创新性和不足，并进一步展望了未来可能的研究方向。

2 内容介绍

根据 Divjak & Milin 等（2020）的研究，这部分主要介绍其理论框架、研究方法、实验设计、研究步骤以及基本结论。

2.1 理论框架

本研究以 Langacker（1987, 1991, 2019）和 Talmy（2000, 2010）对识解现象所做的主要论断为基本出发点，其核心思想是探索语言和认知之间的互动关系，尤其是语言与视觉感知之间的互动。如何去考察这种互动关系？哪些语言特征会影响认知识解？本研究提到“感思”（ception）这个概念，即“感知”（perception）和“概念”（conception）的结合。Talmy（2000: 139）认为“通过感知和概念的结合可理解所有有意识和无意识的认知现象”，这一观点在很大程度上是一种认识上的突破与跨越，既强调了人对客观世界的感知体验，又强调了感知体验、认知加工、概念化之间的连贯关系。正是如此，作者把感知和概念两者联系起来，通过眼动实验探索语言介入对视觉感知及其概念化的影响。

Langacker（1987, 1991, 2019）也认为，在丰富的经验世界里，语言中的语法范畴为交际者提供了一系列结构，说话者会据此引导受话者进行注意力的分配，从而达到不同的交际效果。其中最为明显的一个现象为“侧显”（profile），说话者将注意力分配到不同的实体上，使这些实体扮演不同的地位和角色。其中，充当突显作用的实体被称为“焦点”（figure），充当背景作用的实体被称为“背景”（ground），语言在这种焦点 / 背景感知分组中扮演着“注意力引导装置”的作用。

尽管识解是认知语言学中的一个基本概念，但语言介入对认知识解的影响尚未得到明确测试。正是如此，作者通过视觉范式（即眼动实验）对识解进行可操作性的量化考察，以尝试弄清以下问题：

（1）语言中哪些方面影响着人们的认知识解？

（2）不同语言范畴的差异是否会影响人们感知强度的差异？

（3）语言是决定视觉感知还是调节视觉感知?

作者通过视觉世界感知范式（即眼动实验）动态考察了方位（介词）、施事性（主动和被动语态）和转换（双宾格和介宾格）三类语言现象，详见下文 2.3.2。

2.2 研究方法

本研究使用了视觉感知范式 (visual world paradigm)，该范式是经常在口语环境中使用的眼动追踪方法 (eye-movement measures)，主要分为自然状态和语言介入状态两种情形。自然状态是指默认的图像观察模式，没有添加任何额外的突显方式。语言介入状态是指在向受试展示屏幕上的图像时，辅以听力刺激，以记录受试的眼动数据。为了理解语言介入对场景感知和概念化的影响，作者特意在图像呈现和句子呈现之间稍做延迟处理，以聚焦考察语言对受试视觉感知产生的影响。

2.3 实验设计

该研究设计了跨模态的视觉世界眼动追踪，记录了受试在自然状态下观看图像时的眼动数据和受试听取语言描述（例如，主动或被动句子）后进行观看的眼动数据，随后进行了对比分析。

2.3.1 实验受试

来自谢菲尔德大学（英国）的 60 名学生和教职员工（46 名女性；平均年龄 = 27.4，年龄范围：18—57）参加了实验，参加费用为 7 英镑。所有受试均是以英语为母语的人士，视力正常或矫正视力正常。另有 6 名受试被排除在外，因为他们要么没有完成实验，要么母语为非英语。

2.3.2 实验材料

实验材料包括视、听觉刺激材料和眼动仪。视觉刺激材料包括 48 张彩色照片，分辨率为 1024 × 768 像素。这些照片在 53、54 厘米（21 英寸）长的监视器（刷新率：60Hz）上呈现，距受试的眼睛 70cm，水平视角为 22.9°，垂直视角为 17.2°。所有图像均描绘了自然事件，并根据许可从互联网上下载而来。听觉刺激是记录的 96 个句子，描述了 48 个图像（事件）。每个图像以两种不同的方式（例如主动或被动）进行描述。创建刺激时的主要考虑因素是它的可成像性，该句子必须描绘一个可以找到自然图像的场景。因此，在介词、语态和格三个类别中各有 32 个句子。其中，典型和非典型各 16 个（例如，主动语态 16 个，被动语态 16 个）。语言刺激是由一位以英语为母语的专业女播音员在一个隔音室内录制的。听觉刺激通过 Sennheiser HD 280 pro 耳机呈现给受试。

该试验是使用 OpenSesame 实现的，使用 EyeLink Portable Duo 眼动仪（位于加拿大安大略省的 SR research）收集眼动数据，并在稳定模式下以 500Hz 的采样率进行跟踪。同时，通过相关规则标准对受试进行校准测试。因为是单眼跟踪，主要研究的是受试的主导眼。眼部优势是通过改变距离远近的专门测试方法来确定的，以确保实验的准确性。当两只眼睛都不占优势时，使用右眼。总体而言，有 75%的受试记录了右眼（n = 45）。

2.3.3 实验数据

Divjak & Milin 等（2020）使用眼动分析软件（EyeLink Data Viewer）（加拿大安大略省 SR Research）创建自定义兴趣区（IA），并使用来自 10 位受试的注视热图进行验证。同时，还进行了数据预处理，删除了所有无效数据点。作者将数据集分为三个独立的数据集，对于每个受试和每个图像，作者把自然状态下观看的眼动数据和语言引导下进行观看的眼动数据，分别进行了记录（例如，先呈现一个主动语态句子后记录眼动数据，或先呈现一个被动语态句子后记录眼动数据）。在采用了最小的先验修剪策略之后，仅删除了明确不连续的数据点，留下了最终有效数据共 13202 个数据点，其中介词数据集由 2669 个数据点，语态数据集 4546 和与格的 5987 个数据点组成。

2.4 研究步骤

本研究一共设计了 3 个实验模块。在第 1 个实验模块中，受试在没有任何语言介入的自然状态下观看图像，演示顺序随机。在语言介入的第 2、第 3 个实验模块中，受试根据指示听单个句子，然后查看匹配的图像，以便考察因语言介入而产生观看模式的变化。每个实验模块有 48 个试验，包括一组句子和图像。对于每个试验，都会提供一个 1000ms 的中心注视点，然后是一个句子，一个 250ms 的注视点，最后是一个图像。在句子描述的过程中，中央注视点仍保留在屏幕上，图像会显示 3500 毫秒。所有受试在第 2 个实验模块和第 3 个实验模块的观察顺序是随机分布的，在每个模块内每组句子和图像的呈现顺序也是随机的。描述相同图像的两个不同句子始终出现在不同的实验模块（第 2 个实验模块或第 3 个实验模块）和不同的语言类别（即介词、语态和格）中，并且各自相应的子类别也均匀地分布在第 2 个实验模块或第 3 个实验模块中。整个实验耗时约 20 分钟完成。

2.5 基本结论

2.5.1 结果与发现

在三类语言介入下，根据受试对静态场景进行感知的不同访问顺序、首次凝视时间以及总凝视时间，本研究有以下三个发现：

结果与发现一：不同的访问顺序

（1）在方位（介词）介入下进行识解时，受试更倾向于先访问更易移动的物体。在典型方位（介词）描述下，受试对物体访问顺序的倾向性非常敏感，而在非典型方位（介词）描述下，这种倾向性体现得不太明显。（2）在主动或被动语态介入下进行识解时，受试在自然状态下首先访问的是事件（Event），在主动语态的句子介入时也倾向于先访问事件，但在被动语态表达的句子介入时，受试首先访问的是受事（Patient）或事件，且二者被首先访问的可能性相同。（3）在双宾格或介宾格介入下进行识解时，受试在自然状态下先访问施事（Agent）或间接宾语（如与格 Recipient）的可能性远大于直接宾语（Direct Object）。在介宾格的介入下，受试首先访问施事的可能性大于间接宾语和直接宾语，而在双宾格介入下，受试首先访问施事、间接宾语和直接宾语的可能性几乎一样。

结果与发现二：首次凝视时间

（1）在方位（介词）介入下进行识解时，结果呈现出复杂的对比模式。在方位（介词）介入的情况下，受试对场景中两个物体的首次凝视时间都比自然状态更长。在典型方位（介词）介入下，受试对两个物体的首次凝视时间差远大于自然状态。在非典型方位（介词）介入下，受试对更易移动物体的凝视时间小于不易移动的物体，即非典型的方位（介词）介入影响了受试对场景中物体的首次凝视时间。（2）在主动或被动语态介入下进行识解时，受试对每个兴趣区的首次凝视时间都大于自然状态，但在这两种语态介入下彼此的首次凝视时间相差不大。整体上，在这三种实验条件下（自然状态、主动语态介入、被动语态介入）受试对各个兴趣区的首次凝视时间相差很大，按从长到短的时间顺序形成一个"施事 > 受事 > 事件"的渐变链。（3）在双宾格或介宾格介入下进行识解时，受试对各个兴趣区的首次凝视时间都大于自然状态，但双宾格或介宾格介入下首次凝视时间相差不大。受试在这三种实验条件下（自然状态、双宾格介入、介宾格介入）对各兴趣区的首次凝视时间相差较大，按从长到短的时间顺序形成一个"直接宾语 > 施事 > 间接宾语"渐变链。

结果与发现三：总凝视时间

在方位（介词）和双宾格或介宾格介入下进行识解时，受试对各个兴趣区的总凝视时间结果类似于上述首次凝视时间。在施事性（主动或被动语态）语言的介入下，受试对每个兴趣区的总凝视时间也都大于自然状态，但在这三种实验条件下（自然状态、主动态介入、被动态介入）各个兴趣区之间的总凝视时间却相差不大。

2.5.2 讨论与分析

本研究从视觉范式的角度出发，探析不同的语言介入是否会以及如何引起不同的识解。实验之初推断：首先，实验受试在自然状态和语言介入状态下观看图像存在眼动差异；其次，在语言介入状态下，典型构式和非典型构式又会产生不同的眼动数据；最后，三类不同的语言介入造成视觉感知及其概念化在质和量上的层级变化，并呈现一定的梯度。经分析，在自然状态和语言介入状态下眼动数据的差异性总结如下：

表 1　在自然状态和语言介入状态下眼动数据的差异性

实验步骤	介词	语态	与格
访问顺序	有差异	有差异	无差异
首次凝视时长	有差异	无差异	无差异
总凝视时长	有差异	无差异	无差异

首先，在介词中，实验结果符合实验假设，语言介入对视觉感知及其概念化产生了质和量的变化。在实验初期，作者考察在访问顺序阶段，自然状态和语言介入状态下，实验受试在访问兴趣区的顺序上存在明显差异，受试会先访问更容易移动的物体，再访问不易移动的物体。同样，受试在首次凝视时长和总凝视时长上也呈出类似的效果，这显然受到了语言介入的影响。在自然状态和典型语言结构介入的情况下，受试首次凝视更易移动物体的时间和总凝视时间更长，而且典型语言结构的效果更加明显。相反，在非典型语言结构介入后，受试却更加容易首次凝视不易移动的物体。其次，在语态中，只有在实验初期的访问顺序符合实验预期，在自然状态下，主动或被动语态在视觉访问顺序上存在差异，然而在后期的实验中，不同的观看状态并不会造成眼动数据的明显差异，也就是说，主动和被动语态并不会影响受试的视觉感知及其概念化。最后，在双宾格和介宾格中，语言介入对受试视觉感知及其概念化的影响最为微弱，不论在成分访问顺序，还是在首次凝视时长和总凝视时长上，都未能体现出明显的差异。

那么，到底语言是决定视觉感知还是调节视觉感知呢？通过上述讨论可以得出，不同语言结构的确影响视觉感知的程度，介词构式是影响认知识解的最佳代表，语态次之，格范畴无法体现出差异。因为在介词构式中，不论是典型还是非典型构式，两个物体的空间位置是一定的，一方可以以另一方为背景，语言使用者可以进行不同的概念化。然而，在语态中，不同成分扮演着不同的语法角色，语态的选择不会改变事件类型，但却会改变事件的焦点，如主动语态聚焦于施事的主动参与，被动语态聚焦于受事的被动性。最后，在格范畴中，双宾格和介宾格更多地被视为一种表达手段来体现人们说话的某种偏好，但并不涉及对场景要素的注意力分配。

之所以说上述发现对于语言理论化十分重要，是因为语言学家对哪些语言会成为（长期）记忆的问题非常感兴趣。由于经验世界的纷繁复杂性，我们无法记住每一个细节，况且在经验和记忆之间还要经过注意力的分配和编码，这使得记忆无法直接反映经验留下的痕迹。该研究证明了语言和视觉之间的互动关系，也为心理学家研究记忆力提供了丰富的素材。比如，语言编码的差异是会影响特定场景的注意力分配，从而使在同一场景中，获得较多注意力的方面更有机会保留在记忆中，甚至发展成为长期记忆。也就是说，语言明确告诉人们，场景中的哪些要素是重要的且需要记忆的。

2.5.3 *初步结论*

在认知语言学中，选择一种方式而不是另一种方式对场景进行描述并不完全由场景本身决定，而是反映了说话者对场景的概念化。“识解”这个理论术语包含了这样一个思想，我们描述一个场景的方式反映了我们对这个场景的概念化方式。基于这种感知体验，作者用视觉感知进行量化，考察在语言介入情况下进行场景描述时，语言中哪些方面会影响着视觉对场景的感知，从而影响我们对事件的感知及其概念化。作者通过用不同语言（方位介词、主动和被动语态、双宾格和介宾格）进行介入后发现，在语言引导下进行识解时，语言在两方面影响着我们的即时视觉感知：一是语言表达的顺序影响我们对场景中事物顺序的感知，二是语言中注意力分布影响我们对场景中事物的注意力分布，这比无语言介入时的自然状态更加明显。同时，作者还发现，不同的语言介入，会产生不同的视觉感知渐变体效应。如，方位介词结构的介入比格范畴（双宾格或介宾格）的介入对视觉感知的影响更加显著。作者还讨论了这一观点，语言介入能对视觉信息的摄入产生影响，因此能调节或影响人们对一个静态场景的视觉感知及其概念化。

本研究回答并支持了以下观点：（1）不同语言对认知具有不同的影响作用。不同语言介入要么影响人们对场景感知的访问顺序，要么调节人们对场景感知的注意力分布。（2）语言对感知的影响强度呈渐变性。

感知效果取决于语言刺激的类型，更强的语言刺激会引发更强的感知效果。（3）语言介入对场景感知产生调节作用。语言可以影响或调节视觉信息的吸收，从而影响人们对静态场景的感知及其概念化。

3　简要评论

3.1 优点

本研究主要有以下优点：

（1）研究方法新颖，首次引进眼动实验对识解理论（Langacker, 1987, 1991, 2019; Verhagen, 2007）进行了实证研究，并进行了定性与定量实证考察。通过视觉范式的眼动实验，考察出语言介入影响人们观察的顺序、注意力分布以及视觉信息的提取，进而影响人们对场景的感知及其概念化，这一研究方法直观展示了语言和认知之间的互动关系。本研究方法新颖，实验可操作性强，两者结合较为科学合理。

（2）研究视野广，实现了学科整合交叉。作者把语言和视觉感知、注意、记忆等进行了结合，将认知语言学和心理语言学进行了整合交叉，发现语言对认知在质和量上产生的影响，彻底打通了之前学科内部之间的壁垒，为我们进一步把语言学、心理学、认知科学、脑科学、人工智能以及神经科学结合树立一个好的范例，尤其是语言和认知识解之间的多模态互动。

（3）研究设计和数据处理科学。实验设计循序渐进，严谨细致，逻辑性强。实验结果采用了多种数据分析软件，数据处理比较科学。整个实验分三个步骤进行，从加工顺序到首次凝视时长，最后到兴趣区凝视总时长，作者对比了在自然状态下和语言介入状态下三类不同的语言结构的识解差异，探究语言介入对于人们视觉感知及其概念化的影响。作者采用多种分析软件对整个眼动实验数据初步结果进行了各种处理，如数据预处理的方式，删除无效数据等，确保了整个实验数据的准确性、有效性和科学性。此外，本研究利用多种图表展示实验结果，直观清晰，一目了然，值得借鉴。

3.2 缺陷

本研究仍存在以下几点不足：

（1）语言选择范围受限。本研究仅以英语中三类语言结构为例进行了研究，范围比较受限。除了选择这三类语言结构，英语中其他语言结构是否也同样存在类似的识解差异？还有哪些语言差异会影响事件的感知及其概念化？这些都没有进一步考察。此外，是否跨语言中也存在这种差别，尚未涉及。囿于这些选择范围，其结论自然受到某种程度的限制。

（2）控制变量考虑不全。在实验设计中，作者对实验规模、受试对象、材料选取、样本大小考虑不够全面。作者选择 60 名受试，仅仅对 48 个静态图像进行观察。除了受试样本还可扩大外，为什么选择这 48 个图像，是如何进行分类选择的，交代不够清楚。而且，选择的这些材料是静态的图像，其中大多涉及有施事者的场景，表示原型的、动态的、物理的非施事场景涉及不多。另外，试验中，影响受试注意力分配的变量，既有来自视觉的，也有来自听觉的，是一种多感官、多模态的参与，但分析讨论时忽略了。另外，受试对视频所描述场景的熟悉度、受试之前的生活经历、心理、社会和生理等其他各项因素的影响，也缺乏适当的考虑。因此，实验规模、受试对象、材料选取、样本选择大小等在一定程度上影响着实验结果的效度和信度。

（3）实验方法比较单一。本实验主要用到了眼动实验，初步论证了英语中三类不同结构对感知和概念化产生的不同影响，但在处理格范畴时，出现加工顺序、首次凝视时长、总凝视时长在自然状态和语言介入状态下无甚差异的情况，这一结论与认知语言学中的观点不一致，对此，作者缺乏相应解释。因此，该实验结论还需要作进一步检验和论证。如果此研究可以和心理学实验、神经科学脑成像、核磁、脑电、神经生物统计以及大数据等多种研究方法相结合，多管齐下，多方验证，实验结果可能会更有说服力。

此外，本研究在强调了识解差异的同时，也忽视对“同”的分析。我们有相同的身体器官，面对相同的图像和客观世界，我们理应有能达成一致的认知共识，如何通过实验来检验和测试这些认知共识，亟待进一步的实验设计和考察。

虽然如此，Divjak & Milin 等（2020, 2021）第一次从实验的角度考察了认知语言学中的“识解”这一概念，具有重要的实践和理论意义。

4 启示与展望

作者基于“感思”（ception），从视觉研究的范式入手，在语言介入下通过眼动跟踪考察了人们对事件感知及其概念化的影响，探讨了语言表达、感知体验和认知加工之间的内在关系，深刻阐释了语言与认知之间的互动，开拓了认知语言学研究的新视野，为认知语言学的实证研究提供了全新的经验和思路，具有重要的实践和理论意义，但还有一些问题有待进一步解决。譬如，是不是所有的语言差异一定会造成认知上的差异？究竟语言在多大程度上会影响或决定认知？这种认知上的差异如何设计实验作进一步验证？等等。

本研究给我们提供了重要的启示作用，对于后续研究，我们可继续在 Langacker（1987, 2008, 2019）识解分类的基础上，进一步验证识解要素之间交互重叠的现象，还可进行多语种验证，也就是说，我们不仅可以在单一语种上进行深入的实证研究，还可以进行跨语言实证研究，包括在二语习得、儿童或成人双语或多语中进行研究，尤其是弄清不同语言系统与概念结构如何进行交互的。例如，当英汉两种语言进行识解时，双语认知是运用了一组相同的概念结构，还是运用了不同的概念结构（Evans, 2011: 103）。针对这些问题，我们可以在上述实验的基础上，继续创新实验方法，不断推动认知语言学的实证研究向纵深发展。

参考文献

[1] Divjak, Dagmar & Milin, Petar, *et al.* Construal in language: A visual-world approach to the effects of linguistic alternations on event perception and conception [J]. *Cognitive Linguistics*, 2020, 31(1): 37-72.

[2] Divjak, Dagmar & Milin, Petar, *et al. Ten Lectures on Intersecting Language and Cognition* [M]. Leiden/Boston: Brill (in press), 2021.

[3] Evans, Vyvyan. Language and cognition: The view from cognitive linguistics // Vivian C. & Benedetta B. (eds.). *Language and Bilingual Cognition* [C]. New York & Hove: Psychological Press, 2011.

[4] Langacker, Ronald W. *Foundations of Cognitive Grammar. Vol. I: Theoretical Prerequisites* [M]. Stanford, California: Stanford University Press, 1987.

[5] Langacker, Ronald W. *Foundations of Cognitive Grammar. Vol. II: Descriptive Application* [M]. Stanford, California: Stanford University Press, 1991.

[6] Langacker, Ronald W. *Cognitive Grammar: A Basic Introduction* [M]. Oxford: Oxford University Press, 2008.

[7] Langacker, Ronald W. *Ten Lectures on Cognitive Grammar: Dimensions of Elaborations* [M]. Beijing: Foreign Language Teaching and Research Press, 2016.

[8] Langacker, Ronald W. Construal // D. Divjak & P. Milin (eds.). *Cognitive Linguistics –Foundations of Language* [C]. Berlin & New York: De Gruyter Mouton, 2019.

[9] Talmy, Leonard. *Toward a Cognitive Semantics. Vol. I: Concept Structuring Systems* [M]. Cambridge, MA: MIT Press, 2000.

[10] Talmy, Leonard. *Ten Lectures on Intersecting Language and Cognitions* [M]. Beijing: Foreign Language Teaching and Research Press, 2010.

[11] Verhagen, Arie. Construal and perspectivization // D. Geeraerts & H. Cuyckens (eds.). *The Oxford Handbook of Cognitive Linguistics* [C]. Oxford: Oxford University Press, 2007.

预期式补全研究的新进展

——《推翻式补全：强占受话人进行中行为的话轮转换资源》[①] 一文述评

（四川外国语大学 英语学院，重庆 400031）邱梦颖

摘要： Bolden，Hepburn 和 Potter（2019）考察了"推翻式补全"（subversive completions），即一个说话人说出一部分内容，在语法上补充了另一个说话人尚未完成的话轮，同时达到推翻另一个说话人通过正在进行话轮和序列而执行的行为。作者探讨了推翻式补全的两种用途：可以使正在进行的行为偏离轨道或者夸大该行为，达到戏谑或嘲讽效果。此外，作者还介绍了三种能够完成这种推翻式补全的话轮转换常规。本文在介绍 Bolden 等（2019）的研究基础上，简要评述了其创新性、启示及未来研究方向。

关键词： 会话分析；推翻式补全；行为；话轮转换

---

① Bolden, G. B., Hepburn, A., & Potter, J. Subversive completions: Turn-taking resources for commandeering the recipient's action in progress. [J]. *Research on Language and Social Interaction*, 2019, 52(2):144–158.

1 背景：会话中的预期式补全（anticipatory completions）

话轮转换系统要求下一说话人至少在当前说话人完成一个话轮建构单位（turn constructional unit 或 TCU）之后才有资格说话（Sacks *et al.*, 1974）。但这条规则并不能阻止其他交际者在当前说话人的话轮可能结束处（possible completion point）出现之前就开始讲话。预期式补全（或合作式补全）是协作行为中较为复杂的例子，因为它要求受话人密切掌控或投射正在进行的行为中即将展开的细节。

节选 1 是预期式补全（参见 Lerner & Takagi，1999）的例子。Geri 正在谈论她的计划，她不确定是感恩节还是圣诞节去看她男朋友。在第 16 行，Shirley 投射了 Geri 的话轮末端，同时，在第 17 行，Geri 认可了 Shirley 预先补全的内容。

Excerpt 1：Can wait （TCl Geri & Shirley 14:00）（Bolden *et al.*, 2019:145）

01 Ger:.hh Bec'z, (.) we don't wanna see one another, (.).k.hh
02 onna weekend where we jist have (.) yihknow two da:ys if
03 e[ven tha]:t.
04 Shi:[Right，]
05 (.)
06 Shi:.t I[don't blame you.]
07 Ger:[tuh relate tuh o]ne another. .hh Yihknow we'd like-
08 (.) a little bit longer then tha:t.
09 (0.2)
10 Shi:Right,=
11 Ger：I mean I don't (.) that much. But he does.
12 (0.4)

13 Shi:Ri[ght.
14 Ger:[En it doesn't matter et this point I've waited this long
15 I[c'n (wait).
16 Shi:**[c'n wait another three wee:ks.**
17 Ger:Ye:ah,
18 Shi：.hh W'l that's good.
19 (0.2)

Shirley 在 16 行发起了一个预期式补全，不仅仅展现出对 Geri 行为的理解（例如，10 行和 13 行的“right”），也为此提供了确凿的证据。Shirley 使用预期式补全以展示她对 Geri 的支持，表明友好关系的立场——对于 Geri 来说，等到圣诞假期再去多陪她男朋友一段时间。

作者接下来举了三个例子说明了受话人运用一系列话轮建构和序列资源来投射正在进行的话轮中的可能结束处。Lerner（1991）描述了可以占用期待式完成位置的一般性句法形式：诸如复合式话轮建构单位“if X，then Y”或者“when X，then Y”，引语 “X said Y”、插句和列举结构（list construction）。类似结构的一个很明显的特征是如果预备性的成分（如“if X”）完成后，结束性成分“then Y”则是可以被期待的（Lerner，1991）。通过掌控正在进行话轮的句法结构，受话人可投射可以用于完成话轮的句法成分，进而掌控整个正在进行的行为过程（course of action）。然而，有时受话人抢先一步讲话，会错误地投射当前说话人的话语。与此相对，受话人抢先一步讲话是为了推翻当前的行为。

作者使用的语料来源于 100 多个小时的音频和视频材料，语言为英式英语、美式英语和俄语。这些语料既来自日常会话，比如家人和朋友之间的会话；也来自机构会话，比如电视节目。全文采用会话分析的转写体式和研究方法对语料中发现的 20 例“推翻式补全”进行了研究。

2　推翻式补全

作者指出推翻式补全是一种期待式补全的特殊用法：即一个说话人说出一部分内容，在语法上补充了另一个说话人尚未完成的话轮，同时推翻另一个说话人通过正在进行话轮和序列而完成的行为，主要为了达到戏谑或嘲讽效果。

作者提出推翻式补全的用法是一种连续统，从完全破坏进行中的行为到提供一种玩笑式夸大进行中的行为。作者的分析主要围绕导致推翻式补全发生的交际环境的各方面因素。推翻式补全主要有以下两种用途：偏离进行中行为的轨道和夸大进行中的行为。

2.1 偏离进行中行为的轨道

推翻式补全的用途之一就是为抢占当前说话人话轮提供了表明立场的机会，从而推翻当前说话人正在建构的行为。

节选 2 来自喜剧节目的访谈片段，Hillary Clinton 和 Donald Trump 于 2016 年在美国总统竞选期间录制。一位特朗普支持者（TS）正在为她反对女性当总统的立场辩护，而记者（Rpt）的推翻式补全（第 6 行）暗中破坏了这个行为过程。

Excerpt 2：Closed minded SC01（The Daily Show 8/18/16）（Bolden *et al.*，2019:138）

01　TS:Whenever I hear president，I think of ma:n.
02　(1.0)
03　TS:It's a ma:n's job.
04　(.) ((edit cut))
05　TS:Wh-wh-what sorta <I may be:::
06　Rpt:**Eh, closed minde[d.**
07　TS:[(shun-) No- <yea:h we:ll no::,

08 (0.8)

09 TS:Uh:::m_

10 Rpt:**Miso:gynistic?**

11 TS:EHH-heh-↑heh-.h No::.

12 Rpt:You're voting against your own interest.

13 TS:Tha:t's it//((turns and points to someone off camera)).

特朗普支持者正在解释她为什么认为总统应该是男性。她用第5行的“I may be:::”，即 Antaki & Wetherell（1999）所说的“表示让步”来支持她最初的命题内容：当总统是男人的职业。她这时开始了搜词（Goodwin，1983; Schegloff *et al.*，1977）以找寻一个合适的自我描述（见“be:::”的语音延长）。在第6行，记者提供了一个可能的话轮补全内容“Eh：closed minded.”注意，此补全过程中句尾升降曲线（通过句点表示），是肯定的语气而不是猜测。通过“close minded”，可以看出记者对此归因为一个不接受新思想的人，所以对于特朗普的支持者来说这样的回答是一种让步，但批评的意味过于明显。记者听见特朗普支持者用这样的让步完成一种行为，可能会加强她先前所表达的立场（反对女性当总统），因此记者的补全听上去是一种推翻式——而不是“真正的”——补全。在第7行，特朗普支持者既同意又不同意补全的内容（“No-<yea:h we:ll no::,”），用板着脸（po-faced）的方式回应记者（Drew，1987）。

第9行，特朗普支持者继续搜词，记者发出更加带有轻蔑语气的话轮结尾（参见 Drew，1987，关于揶揄的偏常类别）：“Miso:gynistic?”（第10行）。这个话轮补全带有尝试性标记（见问号标记的升调），可能暗示这是第二次尝试，也缓和了“Misogynistic”这个词所传达的公开批评的意味。特朗普支持者一开始认为这个补全很幽默，然后又通过第11行的话反驳记者。于是，记者在第12行提供了对特朗普支持者的行为的另一种可能的理解。

正如 Antaki & Wetherell（1999）指出，通过展示一些证据能够让说话人支持相对立的观点，这样的表示让步的过程加强了说话人的立场。通过锁定这个让步目标，记者削弱了特朗普支持者花言巧语的策略。在电视喜剧节目的语境下，记者的推翻式补全明确有力地嘲讽了对方，代表了电视机前观众的反对立场。

Excerpt 3：Servitude (HRD FRGB) (Bolden *et al.*， 2019:149)

01 Pat：The Hungarians know where it's ↓at.

02 [They basically:[：they're gunna

03 Emm：[Hah hah ha [

04 Ama：[hheh heh [

05 Alg：[They call a spade a spade.

06 Pat：Yeh:_ Yeh. They're just basically 'let's cut out

07 all this bull[shit,'

...

10 Emm：[Well you have both opportunities,=

11 You can go：for a enn doubleyou oh a Royal

12 Society taletant (0.2) erm：uhm: (.) gra:nt,

13 I mean then you have to be- have to have high

14 mar::ks etcetra:：an-an-an then you can go for

15 your own ↑topic.

16 (0.4)

17 Emm：So that's ↑also (.) a thing you can do:.

18 Bu[t er <the other way around_.hh You get- you

19 Jac：[Yeah.

20 Emm：↑don't get paid like a stude:nt，you get paid

21 like (0.5) er:m uh a member of sta::ff:，er::

22 I mean (0.5)

23 Jac：Yeah.

24 Emm：in: (1.5) °how to° put this：er::m

25 [(they get [yu-)]
26 Alg：**[Ser- [<u>Ser</u>]vitude.**
27 (0.6)
28 Emm:It's a nye (hheh)- ↑No No:!↑ You get paid more…

节选 3 来自朋友之间的日常会话，也有类似特征。Jack 刚在美国获得了博士学位，正在询问 Emma 匈牙利的研究生管理系统，Emma 正在描述该系统。Pat，Amanda 和 Algy 是在美国的学者。在关于匈牙利学生的选择很少这一点上，Pat 等人都在取笑 Emma，因为他们认为这意味着这些学生最终只能通过导师的指示而完成项目。Emma 一直把注意力放在详细地描述这个系统的优点上。在该节选后的会话中，Pat 和 Algy 继续取笑 Emma，暗示给予美国的学生选择本身是虚假的，所以匈牙利的研究生管理系统至少在强加课题给博士生这一点上是更为实在可靠的。从第 10 行开始，Emma 的计划（project）是，即使受到来自他人的嘲讽式的怀疑（第 1-7 行），仍然费尽心血地为匈牙利的研究生管理系统辩护。当 Emma 提出一些关于匈牙利博士生生活的一些支持性细节式，她开始了漫长的搜词过程（第 21，22 和 24 行）。在第 26 行，Algy 借此机会表达对立观点：匈牙利的博士生对于导师们言听计从。借着搜词的空隙，Algy 巧妙地让 Emma 挤入与她自己盟友相反的立场。Algy 补全的内容"servitude"推进了 Emma 话轮建构单位的进程，接上了第 24 行的介词"in"（英语中有短语 in servitude to）。此处的补全句末语调是降调（用句点表示）表明内容的确定性和真实性。在第 28 行，Emma 也以板着脸的方式反驳了 Algy 补全的内容，只用了一个笑声标记语来承认其非严肃性，然后继续说匈牙利研究生制度的好处。

以上两个例子中，说话人都在维护自己的立场，而推翻式的补全偏离了他们的辩词。这些例子表明，推翻式补全用于表明一种立场，而这种立场削弱了第一说话人正在进行的行为。

2.2 夸大进行中的行为

推翻式补全的此种用途运用得更加微妙，交际者逐步增强尚在建构的行动过程，使其听上去更加荒谬而有趣。与之前的例子不同之处在于，之前的例子中的推翻式补全为第一个说话人正在投射的行为提供了一种可能性的理解，而在夸大进行的行为中，推翻式补全提供了进行中的列表（list-in-progress）中的下一元素。这一话轮设计（turn design）特点使得它们听起来更像是在延伸第一个说话人正在进行的行为，而不是发表对第一个说话人正在执行行为的可能性理解。

Excerpt 4：Shopping SC10 (M3-2 7:30) (Bolden *et al.*, 2019:150-151)

01	LUB: Cherez- vot tak v`t tak vsë idësh/=cherez v:ozrast/
	through PRT PRT PRT PRT all go through age
	Times move forward like this
02	(1.8)
03	LUB: [ºCherez-º]
	through
04	NAD: [ºI kno]::wº/
05	LUB: N'sëdnja ma,len'kii/ patom Ba,rni/ ºpatom, (0.5)
	PRT today little then Barny then
	One day they are little, then Barny, then
06	IRI: **sh:opp**ºing.
07	LUB: Vit'ka kada my [priexali
	NAME when we came
	Victor when we came
08	IRI: [heh-heh-
09	MAR: [(V d(hh)[va goda)
	in two years
	(At two) years
10	MAR:pa[tom u neë p(h)e]rv(h)ae srazu {shopp[in}/ then
	with her first immediately shopping *then the first thing for her is shopping*

11 LUB: [patom {sho|ppin}] ((to Maria))
then |((smiles))
12 NAD: [heh-heh-heh-
13 IRI: ↑hah-↓hah-hah-[hah
14 NAD: [heh heh
15 N/I: [heh-heh-heh
16 MAR: [£(Tak){Reka- rekalekshin,}hssh£
such recollection
17 NAD: heh (.) heh (.) heh (.) heh .HHh=
18 IRI: =An' it's been like this ever ↑si↓nce.

节选4来自俄裔美国移民家庭的对话。Nadia（Luba的女儿）和Irina（Maria的女儿）在美国长大。在节选的片段发生前，交际者正在谈论她们小时候看过的动画片，她们最喜欢“Barny”（动画片名）。第1-5行，Luba总结了一下回忆孩提时代的活动。Luba第5行的话轮列举了女孩生活中的里程碑事件，比如“Barny”就是其中之一。在开始列举了第三个项目时，Luba暂停开始搜词。第三个项目可能是另个孩提时代的里程碑——比如，开始上学或者开始读书。正在展开话轮的进程中断和其完成处的可投射性（projectability）为其他交际参与者提供了完成Luba话轮的机会。在第6行，Irina给Luba未完成的话轮建构单位提供了一种可能的延续方式：“sh:opp°ing.”，以降调的方式构成了列举清单中的第三项目。尽管在结构上符合列举的逻辑，但听上去还是推翻了主话轮建构单位（host TCU）所执行的行为。但“shopping”是比较日常而平凡的行为，在这样的语境下跟之前的Barny相比就比较平庸了。Irina可能对于母亲们的怀旧回忆表现出抗拒和嘲弄的态度，也嘲笑她自己的孩提时代。在第8行，尽管Irina的声音越来越小（接上了Luba先前声音更小的话轮），Irina稍稍延迟的话轮补全内容调整了她介入这一行为的潜在不友好的性质（Shaw *et al.*，2013）。第7行，Luba开始注意力并没有集中在Irina的补全内容上，因为Luba继续新的回忆（关于她儿子 Victor）。然而，当 Maria 在第 9-10 行开始回应这个推翻式补全时，Luba 在第 11 行通过重复和笑容和方式肯定其内容及其幽默的特点。接着，两个人都笑起来，Maria 在第 10 行和第 16 行继续说“shopping”作为下一个回忆项目的不相关性。因此，这样的嘲讽以一种非严肃的方式处理，可能与 Irina 的话轮嘲笑她自己以及 Luba 有关。

Excerpt 5：Communal apartments SC09 (M3-2 2:08) (Bolden *et al.*, 2019:151-152)

01　LUB: #I-# (0.2) i na ku:xne kagda na mnoga semej,/ kazhdaja sem”ja
　　and　and in kitchen when for many families each family
　　And　and in the kitchen for many families each family

02　imela vot takoj stoli,k/
　　had　PRT such　little-table
　　had a table this little

03　(1.0)

04　IRI:　Hm-meh ((laughter))

05　LUB:　i:ja:=adnu：i vot tak vot [(tara)
　　and　one　and PRT PRT　PRT
　　and　one　like this

06　MAR:[Ka- kazhdyx- vse prixadili,/
　　each　all　came
　　Each- everybody would come in

07　gatovili,/
　　prepared
　　prepare

08　kazhdyj sva[ju idu:/
　　each　own　food
　　their own food

09 LUB: [°na sva(ëm) stol[ike°/
on own table
on their own table

10 IRI: [heh-heh

11 (.)

12 MAR： Varili,/ uxadili is ku:xni,/ v svaju komnatu,/
cooked left from kitchen to own room
((They)) 'd cook, leave the kitchen, go to their own room

13 LUB: I tam e:li,/ spali::,/
and there ate slept
and there ((they)) 'd eat, sleep

14 (0.8)

15 MAR:Pa ocheredi ubira:li,/
in turn cleaned
take turns cleaning

16 (0.5)

17 MISH, Pa ocheredi spa(h)li,/
in turn slept
take turns sleeping

18 LUB: Heh-[heh-heh-heh [heh- heh-heh

19 NAD: [Heh-heh-heh [

20 MISH:[Pa ocheredi eli:,/
in turn ate
take turns eating

21 MAR： Da,/ v tualet v ocher[et' stajali/
yes in bathroom in turn stood
Yes, ((they)) 'd stand in line for the bathroom

22 LUB: [(vys tualet v ocheret' [stajali/
bathroom in turn stood
((They)) 'd stand in line for the bathroom

23 IRI: [Wo::w

节选5来自同样的对话。Luba，Misha，Nadia和Victor是外来造访者，与Maria的家人住在一起。在节选片段的会话发生前，Nadia抱怨和她父亲Misha那天早上共用浴室的事。这件事让Luba和Maria开始讲述俄罗斯公共公寓的故事。在俄罗斯公共公寓中，许多家庭住得很近。此故事讲述是为了给这些女孩听众们展示与在俄罗斯居住相比，在美国居住容易得多。在第15行，Maria描述了“Pa ocheredi ubira:li,/”‘*take turns cleaning*’，用逗号表明此话轮未结束。父亲Misha没有参与到故事讲述中来。但第16行的暂停后，他补充了下一个项目“Pa ocheredi spa（h）li,/”‘*take turns sleeping*’（第17行）。这个补全可以看作是推进了女孩们讲关于俄国公共公寓艰难生活故事讲述的计划，它也通过一个显然荒谬的描述来推翻故事讲述的行为。“spa (h) li”‘*sleeping*’中的笑声标记（h）表明其幽默的特点，对此Luba和Nadia在18-19行也以笑声回应。在第20行，Misha发了另一个日程上的项目“take turns eating”，继续描述了一种荒谬可笑的行为。在第21行，Maria板着脸（Drew，1987）回应了Misha刚才补充的内容，通过（“da” / yes）承认其准确性，然后又提供了一项内容：“v tualet v ochercet’stajali”‘*stand in line for the bathroom*’。以这样的方式，她的故事从非严肃性内容转回严肃的主题上，直接回到Nadia最初抱怨共用浴室的事情上，但并未反驳Misha补全的内容。在第22行，Luba通过重复Maria的最后一项，与Maria站在同一立场，Irina在第23行用适当的评价语“Wo::w”来回应。所以，由此可见，推翻式补全使得故事讲述行为的荒诞性逐步升级，但同时基本上是对准了正在进行的行动过程，未发生行动轨迹上的偏离。

总的说来，此部分的例子说明了推翻式补全用途的一种变体：它们推进了行动进程，但以一种荒谬的方式，温和地取笑先前说话人，微妙地把他们正在实施的行为描述为“做得过分”（如节选4）或者“过分放纵”（如节选5）。与上一部分的例子不同，这些补全都以笑声回应，并且没有受到反驳。

3　推翻进行中行为的其他话轮转换资源

除了上述的两种用法以外，作者也发现了用于推翻当前说话人行为的几种相关会话常规，包括：受话人会话增量、话轮内部会话增量和独立结构式补全。

3.1 推翻性的受话人会话增量

受话人会话增量（recipient increments）是指受话人用一个会话增量（increment）延伸一个可能结束的话轮建构单位（TCU），这个会话增量在某种程度上推翻了此话轮建构单位所执行的行为含义（action import）。一旦一个话轮建构单位到了一个可能结束处，说话人通过添加一个会话增量，通过语法的延伸重新完成了话轮（Schegloff, 2016）。Schegloff （2016）指出会话增量不是由说出主话轮建构单位的人发出，而是由其受话人发出。这些受话人（或他人发起的）会话增量和说话人会话增量是相似的，因为它们在结构上都独立于主话轮建构单位。

受话人会话增量（recipient increments）和预期式补全是相似的，因为它们均在语法上合乎当前的谈话，尽管会话增量是在一个完整的话轮建构单位后出现，而期待式补全补充了一个不完整的话轮建构单位。作者指出受话人可以颠覆性地使用会话增量，从而达到“扭转先前话轮发出者所代表的立场”（Schegloff，2016：261）。

3.2 推翻性的话轮内部会话增量

话轮内部的会话增量（turn-internal increments）是指受话人拓展正在进行话轮中的一个成分以达到推翻即将通过该话轮完成的行为。

作者把另一种与受话人会话增量和期待式完成都相关的会话常规称为话轮内部会话增量。此种会话常规与 Lerner（2004：178）提出的“话轮建构单位内部的会话增量”类似。话轮建构内部单位的会话增量是指受话人说出了一个会话增量，但这个增量是相对复合话轮建构单位的起始成分而言的，而不是针对一个话轮建构单位的可能结束处而言。然而，作者提出的话轮内部会话增量中，受话人的会话增量是对说话人的多个话轮建构单位组成的话轮（multi-unit turn）中某个话轮建构单位的补充，这种会话常规也可以推翻当前说话人的行为。

3.3 推翻性的独立结构式补全

独立结构式补全（framed completions）是指受话人在为一个不完整的话轮建构单位补充结尾使其完成的过程中，通过直接套用主话轮建构单位（host TCU）中的部分成分，使得补充的结尾部分在语法上独立于主话轮建构单位的结构，又达到了推翻了先前话轮执行行为的目的。

推翻性的受话人会话增量，推翻性的话轮内部会话增量和推翻性的独立结构式补全这三类会话常规的共同点是它们都利用了话轮或者话轮建构单位的可渗透性边缘（permeable boundaries）来完成推翻行为。

4 结论

在这篇文章中，Bolden 等（2019）探索了推翻式补全的话轮转换常规，交际者利用话轮和行为序列轨迹的可投射性为推翻当前说话人的正在进行的行为提供一种可供选择的完成方式。随着谈话中一个话轮的展开，语法、序列、行为、韵律和其他资源为完成话轮提供了可投射性 —— 这是精确协调话轮转换的关键资源（Sacks *et al.*，1974）。可投射性还可以为说话人提供一个机会，让他们完成对方的话轮，从而表明他们“知道对方的想法”（或者，实际上，他们恰恰不知道）。作者关注的是推翻性的补全话轮，即受话人所提供的完成被设计成“错误的”—— 表达对立或夸张的立场，主要是为了达到幽默或戏弄的效果。

推翻式的补全话轮使用了复杂的编排，既展现了微妙的协调性，也展现了颠覆性。说话人利用谈话的可投射性和进展性中的短暂停顿所提供的机会之窗，来构建颠覆性的替代完成。作者认为推翻式的补全可能是一种以幽默的方式进行微妙的互动实践——例如反驳和取笑交际者及其互动计划（interactional projects）。作者描述了一系列不同的推翻程度，从破坏展开行动的完成到那些取笑它而又不完全偏离其行为轨迹的完成。后一种完成是用笑声识别的，而不是被拒绝的——不像那些表达矛盾立场的完成方式。这些理解上的差异与通过推翻式补全话轮的行为中的差异有关：偏离正在进行的行为与夸大正在进行的行为。

推翻式补全话轮是一种相对少见的会话常规。这种低频率可能与其出现的有限环境相关。首先，作者的语料表明，推翻式补全通常发生在搜词的语境中（以与之协作的形式），或者发生在一个正在进行的列表构建中，这两者都可以构建一个环境，在这个环境中，展开的话语和实施的行为都是清晰可投射的。第二，推翻式补全通常以“取笑”为目标（Drew，1987），反映了微妙的人际关系。第三，颠覆性的补全通常是在多方交际中为了听众的利益而制作的。在作者搜集的语料中，这种情况只在一种情况下发生，例如电视机构场景和政治辩论，以及与家人或朋友在场的情况。这些旁听者至少和行为已经完成的说话人一样重要。例如，玩笑的趣味性可以使朋友或家人受益；媒体所建立的对抗立场似乎主要是为了观众的利益。

5 简要述评

Bolden 等（2019）使用会话分析的方法，考察了推翻式补全的用途及其话轮转换资源，对交际者在言谈互动中一种特殊的预期式补全做出了新的探索，其独特性和创新性主要体现在以下方面：

第一，推翻式补全有助于加深对共同完成话轮的认识。共同完成话轮的补全方式，包括合作式补全、延迟式补全、预期式补全等（Lerner，1987，1989; Lerner & Takagi，1999）。推翻式补全话轮也属于交际者共同完成话轮方式中的一种。无论哪种补全方式，都反映了听话人对行为的一种说明性理解（韦伯，2010；Robinson，2016）。韦伯（2010）认为进行说明就需要把握意义的复杂性，这样才能使一个可以理解的行动实际进程得到解释，而会话中意义的复杂性体现在互动性。推翻式的补全话轮使用了复杂的编排，它的两种用法表明听话人准确地理解了说话人未完成的话轮，无论听话人的补全内容反映的是对立还是夸张的立场，都是主体间性（intersubjectivity）的体现，即通过补全话轮完成特定行为，从而实现主体间行动意义的协商，展现出说话人和听话人对于当前行为有共同取向（shared orientation）。

第二，对于交际环境的序列分析也有助于重新认识合作原则和礼貌原则。偏离当前行动轨迹或戏谑式夸大当前的互动计划都不符合第一说话人的预期。因此，参与交际的双方可能违背合作原则（cooperative principles），但却始终遵守行为共建（co-operative）原则（Goodwin，2018：6–7）。Goodwin（2018）特别强调，co-operative 中间有连接符，用于区分合作原则的 cooperative。co-operative action 反映人类互动行为的一个基本秩序：基于共享资源的拓展共建行为（郭恩华，2018：33）。推翻式补全的夸张立场的用法则符合调侃原则（banter principle）。Leech（1983）指出跟礼貌原则的六个原则相比，调侃原则是第二位的原则（Leech，1983：144），暗含着表面礼貌实则不礼貌的微妙性。如上文所说，这种微妙性就体现在交际者在形式上合作完成了话轮，而立场上对立（见推翻式补全话轮的第二种用法）。若从语用学视角看，推翻式补全话轮的对立立场的用法则属于违背了礼貌原则，展现出交际者间非合作的态度。然而会话分析通过对间言语交际的细致入微的观察，可以在序列间找到这种表面礼貌实则不礼貌的微妙性，也可以找到交际者主体间意义在协商过程中的阴暗面的证据。这也反映了会话分析研究与语用学研究是互补关系（Drew，2018：20）。

第三，加深了对于改变说话人正在展开的话轮或序列的会话常规的认识。改变说话人正在展开的话轮或者序列，在序列上对后续行为产生影响，属于交际中的偶发性事件（contingencies），但其余交际者仍然能够处理当前的问题，使得会话继续进行，因此这种偏离轨道的会话常规仍然有一定的秩序可循。改变正在进行的话轮轨迹的会话常规包括插话序列（Mazeland，2007）和附带序列（Schegloff，2007）。改变正在展开的序列的会话常规包括转换式回答（transformative answers，Stivers & Hayashi，2010）等。作者研究的推翻式补全话轮也是一种改变正在实施的行为进程的会话常规。从形式上看，交际者共同合作构建一个完整的话轮建构单位或者话轮（可以包含多个话轮建构单位）。从行动来看，改变了当前会话的原有轨迹，进而在序列上影响了交际者之间互动的进程。

第四，进一步推进了对交际者立场及其与语法关系的认识。对立立场的推翻式补全反映了说话人和听话人对于未完成话轮上的认识具有较大分歧，若不在可投射处补全，说话人的话轮可能会发展成更长的话轮和序列。因此，如例子所示，句法上不完整话轮建构单位的边缘作为可投射处，具有可渗透性，伴随一些时间性特征，比如暂停（pause）、拖音（elongation）等，为其他交际者提供了最早表明立场的机会，下一说话人通过补全话轮而不是通过打断或者直接否定的方式公然表现出对抗的立场，一定程度上避免了潜在的冲突。

第五，突显了会话分析作为质性研究方法的重要性。作者在论文的首尾都提到所发现的推翻式补全例子并不多，只有 20 例。会话分析的语料都来自真实发生的会话，不能凭研究者杜撰。尽管会话分析可以使用定量的研究方法以服务于特定研究目的，但从会话分析的社会学渊源来说，它是属于众多质性研究方法中的一种（Toerien，2014），会话分析研究的例子不在于数量多，侧重从言语和非言语模态中的交际细节挖掘社会互动背后的秩序，这些秩序是交际者作为成员（member）实施言谈互动行为的共同方法（Garfinkel，1984）。Schegloff（1993）指出会话分析的研究并不一定非要去找出言语行为在统计学上的显著意义，他强调了“一”本身也是一个数字，在会话分析中也可以对单个案例进行深入研究（Schegloff，1987）。

推翻式补全的启示及今后研究方向：

第一，对于推翻式补全话轮对进行中的行为的影响，进行中的行为与序列的关系，即序列暗示性（sequential implicativeness）的关系研究还可以更深入。换言之，推翻先前说话人的行为如何在序列上影响下一行为的实施，对于行为的破坏或者削弱程度如何影响全局的会话结构（overall structure）、推翻式补全话轮在主体间行动意义的协商过程（或称“互解”）中的微妙性等等问题还可以更深刻地挖掘。

第二，作者选取的是英语和俄语的语料，并指出此种例子尚不多见。今后，以汉语为语料的会话分析研究中，我们也可以搜集这样的推翻式补全做跨语言的对比研究：例如，汉语中的推翻式补全是否也跟英语和俄语中的例子一样不多见？作者认为推翻式补全有偏离行为轨道和嘲讽或夸大的用途，汉语中的推翻式补全除了这些用途以外，是否还有其他用途？汉语中的推翻式补全在话轮建构单位和话轮结构上有何特点？

第三，文中许多例子在推翻式补全出现前都出现了句法不完整话轮建构单位，这些位置作为话轮建构单位的可投射处，基本呈现出一些会话中的时间性特征，比如暂停和拖音等等。伴随这些时间性特征同时发生的其他具身表现（如手势、眼神等等）可以成为今后研究的课题。这些具身模态资源同样也是话轮转换中交际者可以调动的资源（Mondada，2007），这些资源的分析结合话轮转换的传统语言资源分析（如话轮的语音、语义和语用分析），可以为推翻式补全的结构与互动功能研究提供更有力的支撑。

参考文献

[1] Antaki, Charles & Wetherell, Margaret. Show concessions [J]. *Discourse Studies*, 1999, 1(1): 7–27.

[2] Bolden, G. B., Hepburn, A., & Potter, J. Subversive completions: Turn-taking

resources for commandeering the recipient's action in progress. [J]. *Research on Language and Social Interaction*, 2019, 52(2):144–158.

[3] Drew, Paul. Po-faced receipts of teases [J]. *Linguistics*, 1987, 25(4): 219–253.

[4] Drew, Paul. The interface between pragmatics and conversation analysis [J]. *Pragmatics & Beyand New Series*, 2018, 41(1): 2–22.

[5] Garfinkel, Harold. *Studies in Ethnomethodology* [M]. Cambridge: Polity Press, 1984.

[6] Goodwin, Charles. *Co-operative Action* [M]. New York: Cambridge University Press, 2018.

[7] Goodwin, Marjorie H. Searching for a word as an interactive activity // J. N. Deely & M. D., Lenhart (eds.). *Semiotics* [C]. New York: Plenum, 1983.

[8] Leech, Geoffrey. *Principles of Pragmatics* [M]. London: Longman, 1983.

[9] Lerner, Gene H. *Collaborative Turn Sequences: Sentence Construction and Social Action* [D]. Irvine: University of California at Irvine, 1987.

[10] Lerner, Gene H. Notes on overlap management in conversation: The case of delayed completion [J]. *Western Journal of Speech Communication*, 1989, 53(1): 167–177.

[11] Lerner, Gene H. On the syntax of sentences-in-progress [J]. *Language in Society*, 1991, 20(3): 441–458.

[12] Lerner, Gene H. Collaborative turn sequences // G. H. Lerner (ed.). *Conversation Analysis: Studies from the First Generation* [C]. Philadelphia: John Benjamins, 2004.

[13] Lerner, Gene H. & Takagi, Tomoyo. On the place of linguistic resources in the organization of talk-in-interaction: A co-investigation of English and Japanese grammatical practices [J]. *Journal of Pragmatics*, 1999, 31(1): 49–75.

[14] Mazeland, Harrie. Parenthetical sequences [J]. *Journal of Pragmatics*, 2007, 39(10): 1816–1869.

[15] Mondada, Lorenza. Multimodal resources for turn-taking [J]. *Discourse Studies*, 2007, 9(2): 194–225.

[16] Robinson, Jeffrey D. *Accountability in Social Interaction* [M]. Oxford:

Oxford University Press, 2016.

[17] Sacks, Harvey & Schegloff, Emanuel A. *et al.* A simplest systematics for the organization of turn-taking for conversation [J]. *Language*, 1974, 50(4): 696–735.

[18] Schegloff, Emanuel A. Analyzing single episodes of interaction: An exercise in conversation analysis [J]. *Social Psychology Quarterly*, 1987, 50(2): 101–114.

[19] Schegloff, Emanuel A. Reflections on quantification in the study of conversation [J]. *Research on Language & Social Interaction*, 1993, 26(1): 99–128.

[20] Schegloff, Emanuel A. *Sequence Organization in Interaction* [M]. Cambridge: Cambridge University Press, 2007.

[21] Schegloff, Emanuel A. Increments // J. D. Robinson (ed.). *Accountability in Social Interaction* [C]. Oxford: Oxford University Press, 2016.

[22] Schegloff, Emanuel A. & Jefferson, Gail, *et al.* The preference for self-correction in the organization of repair in conversation [J]. *Language*, 1977, 53(2): 361–382.

[23] Shaw, Chloe & Hepburn, Alexa *et al.* Having the last laugh: On post-completion laughter particles // P. J. Glenn & E. Holt (eds.). *Studies of Laughter in Interaction* [C]. London: Bloomsbury, 2013.

[24] Stivers, Tanya & Hayashi, Makoto. Transformative answers: One way to resist a question's constraints [J]. *Language in Society*, 2010, 39(1): 1–25.

[25] Toerien, Merran. Conversations and conversation analysis // U. Flick (ed.). *The SAGE Handbook of Qualitative Data Analysis* [C]. London: SAGE Publications Ltd, 2014.

[26] 郭恩华 . 多模态投射的社会行为基础——以儿童牙科医患互动为例 [J]. 解放军外国语学院学报，2018(3): 26–34.

[27] 马克思·韦伯 . 经济与社会第一卷 [M]. 上海：上海人民出版社，2010.

翻译学研究

机器翻译现状与翻译行业未来走向的思考

——《自动化焦虑和译者》[①] 一文述评

（四川外国语大学 英语学院，重庆 400031）　李海英

摘要： 通过对卢卡斯·努内斯·维埃拉（Lucas Nunes Vieira）的《自动化焦虑和译者》（“Translation anxiety and translators”）一文的梳理，发现英美译者目前对机器翻译（MT）的戒备心理还比较弱，对于MT对其收入的影响只作为次要问题考虑，译者们更关注的是商业惯例、市场操作流程等问题，对机器翻译系统会胜过人工翻译并不担心，他们更担心的是因为MT局限性所产出的劣质译文会带给市场负面影响。译者更希望自己为终端客户提供建议，对技术的运用、翻译方法的选择应基于委托人的要求。尽管对工作自动化前瞻性的研究都认为，创造性是决定自动化潜力的关键指标，卢卡斯依然认为具有创造性的工作虽然会抵御自动化的侵袭，但是合格的译者也不应该逃向需要创造性翻译的市场，那样会导致技术翻译领域的不专业化，使翻译工作和职业的概念全面缩减。文中的不少观点与我国近年来对机器翻译的研究发现相契合。

关键词： 机器翻译；自动化；取代；焦虑；译者角色

---

① Lucas Nunes Vieira. Tanslation anxiety and translators[J]. *Translation Studies*, 2020,13(1): 1–21.

1 引言

2017年5月24日《经济学人》(*The Economist*)上曾刊发一篇名为“为什么译者闷闷不乐：一个面临压力的行业”（“Why translators have the blues. A profession under pressure”）的文章，它讲述了译者在网络互通的背景下，面临着激烈的全球竞争及随之而来的大幅压价，不得不拼命多做或者竞争酬劳高的工作，否则只有挂靠能抢到任务的代理机构，接受佣金被抽取的盘剥。再加上机器翻译在行业中的运用，翻译行业里的孤独者以后会更加举步维艰。近年来，我国也不断有人发出“人工智能时代高校翻译专业发展方向和研究前景如何？”“大家觉得现在人工翻译前景怎么样？一些淘宝上的翻译店铺可靠吗？”等关乎翻译专业前景的问题，对人工翻译前景不太乐观的人大有人在，英语专业学习者也对翻译学习的未来深感忧虑。2018年，科大讯飞AI同传事件，后虽被发现是一场乌龙事件（机器还不能做到像真正的口译者那样进行现场口译，只是把人工同传的语音转化为中英字幕而已），但这也给翻译从业和教学相关人员敲响了警钟。人们不禁惊叹，未来翻译行业很可能被机器取代。在现实生活中，人们越来越多地享受机器翻译的成果，似乎人工翻译的市场越来越萎缩。2017年以来，我国每年研究机器翻译的学术论文都在三位数以上（2017年：128篇，2018年：149篇，2019年：223篇，2020年：194篇，截至2021年8月：119篇）（维普资讯：http://qikan.cqvip.com/Qikan/Search/Index?from=index，2021年8月30日检索）。英国布里斯托大学现代语言学院的卢卡斯·努内斯·维埃拉（Lucas Nunes Vieira）在他2020年1月发表在《翻译研究》（*Translation Studies*）上名为“自动化焦虑和译者”（“Translation anxiety and translators”）的一文中，通过选取翻译从业者在各大论坛的发言和博客文章，就机器翻译对口笔译者及翻译行业的影响进行了深入的分析，包括对工作自动化趋势的分析，对 2008-2016 年间英美等国翻译从业人员的收入分析，技术发展对翻译工作的影响分析以及译者本身对收入和自动化翻译流程的态度分析，总结出两个主要发现：一是机器翻译对于绝大多数职业翻译或是高水平的译者而言，只是一个次要问题，译者们大多数的抱怨集中在翻译业务操作流程上。二是译者们并不害怕机器翻译系统会胜过人工翻译，他们更担心的是其技术的局限所产出的低劣译文带给翻译市场的负面影响。他的观点与中国很多学者的观点相一致，对于机器翻译省时省力的特性表示肯定，认为其未来的发展之路还很长。也许看了此文，翻译从业者、英语学习者和相关人士可以稍微松一口气了，但是必须做出调整来适应技术带给翻译行业的挑战。

2　机器恐惧、机器辅助与机器学习

作者在文中首先回顾了历史上的一些工作自动化趋势。因为担心技术的运用会破坏一个行业及其就业前景的现象，历史上早已有之。英国手工业工人曾在 1811 至 1816 年间，大量捣毁纺织机器来抗议机械化对自身就业的影响，抵制机器广泛使用后他们可能会面临的恶劣的工作环境。而在此之前，如早在 16 世纪，英女王伊丽莎白一世就曾拒绝为织布机颁发专利保护，因为担心其会对就业人口产生潜在的破坏影响。

除了历史上这些对机器的恐惧之外，技术更倾向于替代某些具体的任务，而不是整个行业。因为在很多情况下，某些职业依赖于人们烂熟于心的隐性知识（internalized tacit knowledge）来完成，那些知识是无法轻易定义或详细阐释的。这就是通常所说的波兰尼悖论（Polanyi's paradox），即“人类所知远胜于其所能言传”，它界定了人类能够阐释的知识。在现实世界，某些重复性的任务可以被人们轻而易举地进行编程来处理，比如电子表格上的重复性计算，以实现高质量的自动计算。

当翻译某些来自技术领域的文本时，借助电脑翻译辅助工具（如SDL Trados Studio或者memo Q），可以实现自动化翻译。这些工具自动搜索之前翻译过的内容，重复使用其他译者翻译过的片段，让译者借助机器的翻译记忆完成工作。尽管这些翻译工具把机器产出的译文作为一大特色运用到翻译过程中，但正如这些翻译辅助工具的名字显示的那样，它们只是辅助而非取代人类去单独进行翻译，这些工具的使用者仍然需要在完成任务之外，从头到尾掌控翻译流程，做好译前、译中、译后编辑，依据机器翻译系统提供的参考译文或建议来修改译文。这与我国学者的观点不谋而合，陆昱月在她的《机器翻译的未来》一文中曾说道："目前，机器翻译出的译文必须采用人工译后编辑，才能使译文通畅。要实现真正意义上的自动化的机器翻译，程序化的译后编辑必不可少。"（陆昱月，2021：44）。

卢卡斯进一步提出，在绝大多数场景下，译者工作的某些任务可以通过机器自动完成，这与很多情况下，一个职业里某些具体的任务可能被自动完成的普遍观点一致。但是，随着机器学习时代的到来——即机器可以从原始数据"学会"那些固有模式的方法——使得人们不必为计算机提供那些明白无误的显性规则（explicit rules）。就像知乎上对"AI会在多大程度上取代我？"的回答。有网友谈到身边有一些水平很好的译员，隔三岔五地帮一些科技公司翻译用来训练机器的素材。"如果机器翻译是一个孩子，今天养这个孩子的各家科技公司花钱请许多优秀翻译给这个孩子当保姆做家教，做辅食喂ta，把自己的经验智慧传授于ta。假以时日，这个孩子长大后会是什么样，谁能想象得到呢？"（https://www.zhihu.com/question/280503695，2021-12-1检索）

波兰尼悖论在很长时间内限制了机器在经济领域中的工作范围，还在历史上首次严格限制了人类能够赋予机器智能的能力，但是机器学习正在突破这些局限，这就对波兰尼悖论中提到的制约力量产生了质疑。译者也会对机器学习产生直接的兴趣。当今机器翻译技术，通过电脑程序尝试着从大量的双语文本中模仿人工翻译在翻译过程中所做的各种决定来产出译文。尽管这些技术都还有局限，但是大众媒体还是急于宣布语言间的壁垒障碍即将消失，机器翻译的开发者也经常说着同样的话。如 2018 年，汉尼·哈桑（Hany Hassan）等在他们的论文（"Achieving human parity on automatic Chinese to English news translation"）中提到微软的翻译软件提供的汉译英新闻译文已经可以媲美职业翻译的水平了，而且其质量大大超过了大量非职业的译者水平，即人工翻译和机器翻译体系之间已经获得了一种平等（parity）（Vieira，2020:3）。但是，该翻译软件除了使用"双语"一词外，却很少提及招募来对译文进行审核的劳动群体，即译后编审人员的语言专业知识方面的信息。而且，在译文比对过程中所使用的人工参考译本也充斥着大量的错误。译者各自专长的领域信息也常常是有限的。卢卡斯认为，探讨人机对等和语言障碍消失的语篇或论文，对技术创新都非常乐观，这些文本推动产生了一种危机感，即认为机器翻译和人工翻译是互相排斥的，进而引发危及译者未来发展的危言耸听之语。

卢卡斯指出机器学习是新技术浪潮，即第二次机器时代（SMA）的一部分。有些人认为新技术浪潮为人机交互提供了好的机遇，但也有人认为，人们过度夸大了新技术浪潮带来的经济增长和创新动能，言过其实。在过去几十年里，就业和经济的发展变化趋势是相当醒目的，它导致了就业分工的两极化以及对认知类工作（cognitive labor）需求的减少，这类工作通常需要进行思考、规划、做决策和解决问题来完成。令人惊讶的是，这些现象在目前探讨职业翻译工作趋势发展的争论中却经常被忽略了。

3　分工两极化对翻译的影响

卢卡斯在文中指出，重复性的工作更容易被自动化完成，意味着中等教育水平的工作，如很多文书工作，在过去几十年里被自动化机器替代，而教育水平不高就能完成的工作，如端盘子和打扫卫生这样的工作，却没那么容易被替代，道理很简单，因为这类工作常常要求高度的适应性以及人与人之间的互动交流，这都是机器很难实施（operationalize）和自动操作（automate）的。同样的，需要接受高度教育才能完成的工作也很难被机器替代，因为他们需要了然于心的内隐知识（tacit knowledge）和抽象的决策过程。这就造成了就业中的U-型两极分化现象，位于教育两端（低等和高等教育）对应的工作更能抵御自动化。翻译从业人员通常被认为是技术型人才和接受了较高程度教育的人才，并不会因为工作的两极分化，就业机会就减少。美国劳工统计局（BLS）的统计数据也印证了这一看法，其对口笔译人员的就业前景持乐观态度，BLS预计2016—2026年美国的口笔译雇佣人数会有18%的增长。它大大超过了其他所有职业的平均增长率，受益于“日益增长的全球化进程”和“美国更加多元化的人口构成”（BLS，2017）。

这似乎与前面提到的，翻译行业正面临重重威胁的说法不一致，但是不是所有的有技术含量的职业前景都光明。保罗·博德里（Paul Beaudry）等在其2013年的论文中指出“在2000年之前，随着对技术的更高投资，对更多认知任务的需求已经达到饱和，导致了2000年后美国高技能工人失业率的上升。”（Vieira，2020:4）工作的两极分化和对认知任务需求的下降，并没有直接影响到译者，但是更高的失业率和其他技术领域更为糟糕的条件，会促使通常情况下不会考虑从事翻译职业的个体考虑这一职业，进而造成行业内竞争更为激烈，工作环境受到潜在的影响。

接下来卢卡斯指出，有证据指出翻译市场存在潜在的两极化问题，但是也有来自从业人员第一手的数据证据表明两极化问题不存在。史蒂芬·多尔蒂（Stephen Doherty）在他的论文中指出，一家名为常识咨询（Common Sense Advisory）的市场研究公司的原始数据显示，自2008年以来，每个单词的固定翻译价格已下跌高达50%（Vieira，2020:4），常识咨询公司把这归结为预算费用的限制（budgetary constraints）和技术的引入。

谈及对翻译的影响，薪资数据很能反映问题。1999 至 2016 年间，美国译者平均每小时工资收入基本上呈上升趋势，仅在 2012 年有所下降。而在英国，2008 至 2016 年间，译者收入呈波动状态，2016 年实际收入比前两年高，但与 2008 至 2011 年相比，译者收入降低。在美国，口译者和笔译者是被归为一类的，而在英国，数据也囊括了所有笔译和口译行业的雇佣人员。

4　卢卡斯数据库的发现

于是卢卡斯自己构建了一个问题研究数据库，他从论坛帖子和翻译人员自己的博客文章中抓取内容来编制这个语料库。与抽样调查或问卷调查不同，这种抓取内容的方法可以分析那些未请自来的现成话，答案不受民调问题的影响。为了避免过度代表写长博客的翻译人员的观点，卢卡斯设定每篇博客只抽取最前面的 35,000 个单词。确保来源渠道不同的博客内容数量相似，这有助于平衡语料库博客文章的构成。低于此限制的较小博客和仅略高于此限制的博客，如果它们的大小与所有博客抓取内容的平均数量的标准差在 0.5 以内，则保留。TranslatorCafe 在作者撰写论文时（2017 年 12 月），官方统计注册的用户数超过 20 万人，所以其观点各式各样，也较有代表性。通过使用 Sketch Engine 内置的工具，语料库中删除了句子层面上内容重复的部分，把同一个词的异体形式进行了归类，也对词性进行了标记。编辑之后，一个大约有 200 万个标记词条的语料库就建成了（来自 28 篇博客的 971,085 标记词条和 1,036,854 个来自 TranslatorCafe.com 网页的词条）。

据卢卡斯统计，翻译从业者在论坛和博客中总计 75 次提到翻译价格，其中有 19 次是对翻译价格或是收入进行详细的阐述或信息分享（Descriptive/knowledge sharing），14 次谈及来自代理公司或客户下调收费的压力（Downward pressure from agencies/an agency/the client），其他诸如谈论“计算机辅助翻译、机器翻译和 / 或品牌折扣结构所产生的负面影响”以及“高价格或合理的价格仍然可能下降或价格不会下降”等分别只有 6 次和 5 次。

表 1　包含“价格”这一关键词的发帖分类

价格	计数
描述性的 / 信息共享	19
代理公司或客户的下行压力	14
计算机辅助翻译、机器翻译和 / 或品牌折扣结构所产生的负面影响	6
高价格或合理的价格仍然可能下降或价格不会下降	5
怀疑欺诈	4
竞争	3
特定地点价格低或特定语言配对翻译	3
原有客户很难提价	2
找到付费客户需要市场推广	2
小任务或周末额外工作的最低翻译价格付清	2
译者应被像其他有技术的专业人员一样重视	2
面对低价，译者应寻找其他客户而非抱怨	2
客户同意支付索要的价格	1
来自代理机构的交流问题	1
未遭遇收费低和仍然有工作	1
对某些任务更好按小时收费的价格	1
直接为客户工作，收入并不一定很高	1
逾期付款	1
写作比翻译更挣钱	1
计算机辅助翻译工具开发者所做的关于提高效率节约成本的误导性承诺	1
对提高翻译价格不感兴趣	1
来自自由择业平台的压力	1
译者应自主揽活和回避代理中介	1
总计	75

有博客写道：“（机器翻译）这个工具有极大的潜力来提高译文的产出量和翻译效率，显然，背弃这样一个工具对任何人都不利，但是与此同时，基于人工翻译认可的翻译单位确立的重复频率来为机器翻译的杠杆效力计费，这样显然也是不合理的。”此段文字中，作者想强调的也不是机器翻译的使用，而是涉及有机器翻译的项目是如何计费的。

大多数涉及机器翻译导致收入下降的评论同样关心翻译的商业操作流程。如，T34帖文暗示，（机器翻译）这项技术带来的好处被过度宣扬了，负面影响了（译者）的收入。她说“机器翻译所谓的能力被广告错误宣传了”。

而其他涉及收费比例的帖子更多地关注一些具体的问题——如，延迟付款的问题，潜在的骗局和译者对不付费的翻译能力测试和拒绝报价的态度。也有帖文强调竞争方面的问题以及网上在线自由职业者平台（如UpWork.com）对于译者收入的影响。但它们都不如翻译技术本身和来自客户/代理公司的压力这两个问题那么突出。

在《自动化焦虑和译者》一文中，作者卢卡斯发现，译者对机器翻译的公开态度都是负面的，但是这一立场与更广的经济方面的问题之间的潜在关联还不太清楚，特别是到底认为自动翻译技术本身有问题还是该技术产生的市场影响会被译者看成是有问题的，还不太清楚。如果是对自动翻译技术持否定的态度，这些翻译技术就应该被替换、改进或者彻底根除，但如果是第二种情况，即对这些技术产生的市场影响持否定态度，解决办法就是改变操作模式而非修正技术了。卢卡斯发现关于这方面的研究还很有限。

只有数位学者分别在2013年，2017年和2018年对此做了一些相关的研究。

安娜·古尔贝奥夫（Ana Guerberof）2013年发表在《专业翻译杂志》（*Journal of Specialized Translation*）上的一篇名为“专业翻译如何看待译后编辑？”（“What do professional translators think about post-editing?”）的文章，讲述了她对24名翻译和3名译文评审关于机器翻译的译后编辑方面的调查。安娜指出对于机器翻译，这些被调研的译者的经历千差万别，但他们并不是都不愿意使用此技术或是对自己的收入不满意，且他们大多都对机器翻译和译后编辑相对熟悉，但这可能仅仅是一些精通翻译技术之人的观点。那些对自动翻译技术一无所知、害怕未知事物的人，更容易担心工作被机器替代，因而产生自动化焦虑，这一问题尤其适用于他们。

2017 年，塞穆尔·拉布里和戴维·欧瑞歌 – 卡莫娜（Samuel Laubli and David Orrego-Carmona）在脸书（Facebook）和领英（LinkedIn）上对译者进行了一番调查，对提到机器翻译的推特进行了分析，主要关注的是他们对机器翻译的态度，是肯定、否定还是中立。但是工作报酬和使用机器翻译的经济层面的问题没有直接解答。

2018 年，帕特里克·卡德韦尔等（Patrick Cadwell，Sharon O'Brien and Carlos S. C. Teixeira）在一篇名为"抗拒与适应：专业翻译人员（不）采用机器翻译的因素"（"Resistance and accommodation: Factors for the (non-)adoption of machine translation among professional translators"）的文章中聚焦于欧盟委员会和英国翻译公司内部的翻译人员身上，分析其使用或者不使用机器翻译的原因。结果发现，工作报酬对他们而言并非一个突出的问题，鉴于目标群体全部由领固定薪水的员工组成，他们可能无法理解机器翻译对更广泛市场的影响，但他们亦认为，在其他机构或商业环境中，译者可能更加期待获得补偿。同样，在这篇文章中，关于译者们对机器翻译的态度和对其产生的经济影响的差异，也未进行探讨，而留下了一个空白。

谈及价格这一话题，来自客户和代理公司的压力是探讨译者文本时一个突出的问题。不同形式的管理和归属模式值得未来的探讨和实验验证。翻译人员自己为终端客户提供建议，对技术的使用和基于委托方要求的翻译策略选择等业务活动尤其值得考虑。尽管过去，扩大译者角色的提议曾被讨论过，但对于机器翻译的发展的应对，在大众讨论中可能会带来意想不到的负面结果。其一，把译者看成是一个全面的交流沟通专业人员，只有在更为创造性的领域中，当机器翻译的使用有限的情况下才需要译者。其二，工作自动化前瞻性研究认为，创造性是自动化潜能的一个关键调节器。由于工作自动化抗拒富有创造性工作，译者会被指导去从事更具创造性的工作，远离专业分工的技术领域。但是卢卡斯认为，虽然从事具有创造性的工作可以抵御自动化浪潮，但也不能用作激发合格的翻译者流向创造性任务，因为这样会造成技术领域的翻译人员的去专业化趋势，使得翻译概念整体缩小。

表 2　包含“机器翻译”这一关键词的帖文分类

机器翻译	数量
有错误 / 译文质量低	8
描述性 / 技术上的问题	5
有局限 / 对合格的专业翻译人员不构成威胁	5
客户省钱的一种方式	3
正确运用会有帮助	2
不是一直有效 / 不适用所有任务	2
有帮助	1
有帮助，但是用于报价会有问题	1
会被误用	1
排除炒作，机器翻译和译后编辑是一些公司少量收入的来源	1
贬低专业译者	1
正在普及中	1
未来某一天翻译大部头作品可能有用，但仍需要人工	1
在译者培训过程中，机器翻译不应取代人工部分	1
代表了新的机会	1
根本而言，翻译就是应该人为，机器完成不了	1
总计	**35**

在“有错误 / 译文质量低”或“有局限 / 对合格的专业翻译人员不构成威胁”条目下，关于自动翻译技术的缺陷，有帖子说在大多数情况下，译者并不认为他们的专业水平与机器翻译构成了竞争，尽管有时也会承认机器翻译会影响到市场上的“低端（翻译人员）”。

编号为14的帖子说：“我不会因为机器翻译辗转难眠。但哪一天电脑在写伟大的纸书时，我会担忧的。就（机器翻译）对我目前的翻译职业的影响而言，我毫不担心。但我确实认为，在某个时间点，我们会感受到机器翻译正在蚕食掉翻译市场上的低端工作。”

同样，当被问及对谷歌翻译软件的看法时，有帖子写道：“我非常怀疑机器翻译质量未来会完美无瑕。”（2017年1月7日）

对于机器翻译的错误，翻译人员的评论反映出对自我的肯定以及人们对这项技术的过度期盼。如有人评价机器翻译“十分可笑荒谬”，也有比较克制的评论说机器翻译让人很好理解。如，谈及“journal”和“magazine”这两个词表达期刊这个意思时，在西班牙语中并没有进行区别。编号为36的帖子说“如果你的句子里包含一本如*Hello!*这样的知名杂志时，谷歌翻译就能挑选出正确的单词。但是如果提及的是一本20世纪40年代发行的刊物，谷歌翻译就只能猜了。”

关于翻译业界操作惯例，机器翻译低成本诱惑产生的影响常常被提及，在“客户省钱的一种方式”条目下，编号为49的帖文写道：“我猜想原先的客户转而找免费或更便宜的渠道（来翻译），即机器翻译或是第三世界国家的翻译代理公司。”（2013年4月23日）2008年的一篇放在“正在普及中”条目下的帖子指出机器翻译是一种“软外包”（softsourcing），换句话说就是把翻译任务外包给了软件。“这是个新词，但是个需要关注的词，因为它已经赢得了一些未来，速度缓慢但肯定正在前进中。”（2008年3月1日）这些评论近乎把机器翻译看成是人工翻译的一大威胁，阻碍翻译人员获得某些工作。但是，值得注意的是，这些评论强调了机器翻译对市场的影响，而不是对技术本身或其对翻译过程的影响的固有否定。

也有一些评论更欢迎机器翻译，它们大多归在了“有帮助”和“代表了新的机会”条目下。译者们也提出，只有正确运用，机器翻译才会有帮助，它们大多归入了“会被误用”“有帮助，但是用于报价会有问题”“不是一直有效/不适用所有任务”这些条目下了。

5 结语

该文旨在将译者与机器翻译相联系，说明后者对前者潜在的经济影响，并将这一文本置于更广阔的工作自动化现象和译者们实际工作中获得的信息的大背景下。文章讨论了过去十到二十年间，影响一些国家劳动力就业的趋势，包括拥有中等技术的办公室文员工作中提高的自动化程度，以及对认知劳动需求的减少。这些现象可能只是间接影响了翻译这个充满技巧/术的职业，预计未来对翻译的需求仍会增长。但是2008年的金融危机和机器翻译技术的发展并不是影响译者工作条件的全部因素。放眼就业市场长期的趋势和看到工作自动化这一发展趋势，能够帮助提高译者当前的状况，并促进针对该职业未来更有成效的对话。在未来，译者在翻译行业的作用更应该体现在为终端客户提供建议，对译文的最终呈现及方式的掌控上，而对于是否运用技术、选择怎样的翻译策略、方法和技巧，应该基于翻译任务委托人的要求，并接受专业的意见与指导。

参考文献

[1] ATA (American Translators Association). American Translators Association (ATA) Blog Trekker[N]. 2017[2021-07-25]. http:www.atanet.org/resources/blog-trekker.php.

[2] Autor, David H. Why are there still so many jobs? The history and future of workplace automation [J]. *Journal of Economic Perspectives*, 2015, 29(3):3–30.

[3] Bakhshi, Hasan & Carl Benedikt Frey *et al.* Creativity vs. Robots. The Creative Economy and the Future of Employment. [A/OL]. 2015-04[2021-07-23]. https://www.nesta.org.uk/sites/default/files/creativity-vs.-robots-wv.pdf.

[4] Beaudry, Paul & David A. Green *et al.* The Great Reversal in the Demand for Skill and Cognitive Tasks[N]. *National Bureau of Economic Research Working Paper*

Series, 2013, No. 18901. [2021-07-23]. Doi:10.3386/w18901.

[5] Biber, Douglas & Susan Conrad *et al. Corpus Linguistics: Investigating Language Structure and Use* [M]. Cambridge: Cambridge University Press, 1998.

[6] BLS. Occupational Outlook Handbook [N]. Bureau of Labor Statistics, 2017 [2021-07-23]. https://www.bls.gov./ooh/media-and-communication/interpreters-and-translators.htm#tab-6

[7] Cadwell, Patrick & Sharon O'Brien *et al.* Resistance and accomodation: factors for the (non-)adoption of machine translation among professional translators [J]. *Perspectives,*2018, 26(3): 301–321.

[8] CIOL and ITI. Rates and Salaries Survey for Translators and Interpreters. Chartered Institute of Linguists and Institute of Translation and Interpreting [A/OL]. 2011[2021-7-26]. https://www.iti.org.ik/attachments/article/1066/201120rates20and20 Salaries20Survey.pdf.

[9] Cronin, Michael. *Translation in the Digital Age* [M]. London and New York: Routledge, 2013.

[10] Doherty, Stephen. The impact of translation technologies on the process and product of translation [J]. *International Journal of Communication*, 2016(10): 947–969.

[11] EC & CIOL *et al.* UK Translator Survey: Final Report. European Commission [N]. 2014-09-08 [2021-7-23].https://www.ec.europa.eu/unitedkingdom/education/languages/2016-survey-of-translators-based-in-UK_en.

[12] Gordon, Robert J. The Demise of U.S. Economic Growth: Restatement, Rebuttal and Reflection [N]. *National Bureau of Economic Research Working Paper Series*,2014, No. 19895. Doi:10.3386/w19895.

[13] Guerberof, Ana. What do professional translators think about post-editing? [J]. *The Journal of Specialized Translation*, 2013(19):75–95.

[14] Hassan, Hany & Anthony Aue *et al.* Achieving Human Prity on Automatic Chinese to English News Translation [N]. 2018-03-04 [2021-7-27]. https://arxiv.org/abs/1803.05567.

[15] http://qikan.cqvip.com/Qikan/Search/Index?from=index, 2021-12-1 检索。

[16] https://www.zhihu.com/question/63155427, 2021-12-1 检索。

[17] https://www.zhihu.com/question/280503695, 2021-12-1 检索。

[18] Vieira, Lucas Nunes. Translation anxiety and translators [J]. *Translation studies*, 2020, 13(1): 1-21.

[19] 蔡欣洁 . 我国机器翻译研究现状梳理分析 [J].《英语教师》, 2021（4）: 63–65.

[20] 陆昱月 . 机器翻译的未来 [J].《山海经：教育前沿》, 2021（1）: 44–46.

原本无源　源流相生

——《作为自译的回译：殊例〈中午的黑暗〉》[1]一文述评

（四川外国语大学 英语学院，重庆 400031）　陈秀石

摘要：将处于一种文化语境下的译本回译到其原生文化语境中去，便是翻译中的回译现象，而当回译行为的实施者恰好就是原作者本人时，这便是一种作为自译的回译，二者发生了角色上和行为上的重合。本文试图从对《作为自译的回译：殊例〈中午的黑暗〉》一文的分析着手，厘清作为自译的文化回译中所发生的变异现象及其原因，以此打破原文与译文的二元对立模式与形而上学的等级制度，并以背后最深层的哲学基础为切入点进行讨论，寻求东西方哲学思想中的支点，构建出一个源流相生的有机动态翻译观，揭示全球化背景下回译过程中涉及的文化意义。

关键词：自译；回译；变异；文本不确定性；道与逻各斯

① Gaskill Howard. Back-translation as self-translation: The strange case of darkness at noon [J]. *Translation and Literature*, 2020, 29(3): 372–390.

1 引言

回译是一种特殊的翻译现象，起初也称“逆译”“返译”或“语义还原”。在马克·沙特尔沃思和莫伊拉·考伊（Shuttleworth & Cowie）所编写的《翻译学词典》（*Dictionary of Translation Studies*）中，“回译”的词条为“back-translation”，词典将这个概念定义为“将已译成特定语言的文本又重新译回源语的过程（a process in which a text which has been translated into a given language is retranslated into SL）”（Shuttleworth & Cowie，2004:14）。

蒙娜·贝克尔（Mona Baker）在其具有开创性的教科书《换言之——翻译研究教程》（*In Other Words—A Coursebook on Translation*）中认为，她在进行回译时都是把回译作为一种教学方法，尽可能字对字地从读者并不熟悉的一种语言回译为英语；她认为回译可以使人们了解原文的结构，但不一定能还原原文的意义，回译的策略以直译为主，而且不一定是正确的，也可能并不是地道的英语（Baker,1992:8）。

回译研究虽然始于20世纪80年代，但这种现象在人类社会中由来已久。在西欧，最早可追溯到中世纪和文艺复兴时代，这一时期起初崇尚古希腊文化，希腊语和拉丁语占统治地位。但西罗马帝国崩溃之后，各民族部落建立了各自的国家，随着各自民族语言的不断成熟和发展，大量希腊语、拉丁语的文本被译为其各自民族语言，而后又被回译为希腊语和拉丁语，循环往复，这一时期是以文化双语性和文学双语性为特征的翻译活动的高潮。而在我国，早在唐朝，玄奘根据南朝梁高僧陈真谛的中文译本，将早已在印度本土失传的《大乘起信论》回译成梵文。

回译研究发轫时，中西方学者普遍将其看作是一种语言学习和语言对比研究的手段，其文化和意识形态方面的价值却并未得到重视。随着翻译研究的文化转向，文化研究的翻译转向以及比较文学的翻译转向，学界开始意识到对回译的研究不能仅限于语词层面、结构层面及语言学层面，而应将镜头拉远，将其置于一个更大的文化层面。由此，回译现象引起了中西方学者更多的关注，并将作为语言和翻译学习手段的回译与作为文化回归的回译分开来看。在本文中，笔者拟以梳理回译、自译及其变异的过程为契机，挖掘其中反映出的对原文权威地位的挑战，指出原文并不是终极的“源头”，而是一个循环过程中的一环，从而将文化回译放入当今世界文化交流的大背景中去审视其意义。

2 作为自译的回译

2020 年秋季刊的《翻译与文学》（*Translation and Literature*）刊载了七位学者的论文，对回译现象进行讨论和分析，试图将回译这一独特的翻译现象概念化、理论化，其中 Howard Gaskill 以匈牙利裔英籍作家 Arthur Koestler 的政治小说《中午的黑暗》（*Darkness at Noon*）作为个案研究，研究这部文学作品在回译、自译过程中反映出的理论、文化和伦理意义。笔者认为，该个案非常具有特殊性，因为它的作者是匈牙利籍，原文的语言是德语，叙事语境却放在了苏联，随后被翻译成英文，且英文译本几乎和原文的创作同时进行。鉴于国内不少学者从回译中提炼出了其中的一种特殊现象，即将 A 国发生的叙事，用 B 国语言创作出来，再译回 A 国的语言，叫作文化回译。这又涉及另外一个概念，王宏印教授称之为“异语写作”。笔者对这一概念的理解是，作者的写作语言与叙事文化语境发生错位、不一致的情况，比如双语作家林语堂用英语创作的描写中国文化的作品《京华烟云》《吾国与吾民》，张爱玲的《秧歌》《五四遗事》《怨女》以及一些华裔作家创作的作品等。如果将作者用

“异语”写作出的作品与该“异语”的叙事文化语境不同的小说译回到与该叙事文化语境相同的原语，那么，这种现象便称为文化回译。而《中午的黑暗》的作者创作的语言是德语，叙事语境在苏联，首译将其译为了英语，之后再由作者自己操刀回译为德语。

《中午的黑暗》德文版的书名是以小说主人公的名字鲁已肖夫（Rubas-chow）命名的，成书于1940年4月，由于当时战争中德国的特殊性，作者和出版社都尽量避免被读者知道这本书是译自德语，作者也未被认为是一个德国小说家，遑论为德国文学的建构添砖加瓦，倒是以其英译本位列20世纪百佳英文小说的榜单之中。

3　回译中的变异及自译

霍华德·加斯基尔（Howard Gaskill）的论文非常详细地梳理了在数次流放、避难以及关押期间，《中午的黑暗》一书的作者阿瑟·库斯勒（Arthur Koestler）是如何在这个颠沛流离的过程中，创作完成了原文的同时，指导了英语译文，以及后来自译了德语回译本。

在作者作为自译的回译过程中，虽然在一定程度上省略了理解的环节，但增加了回忆和审视的环节，自译者会不可避免地带有一种审视的目光，回译本也会在一定程度上发生变异，原因有三：其一，虽然作品是作者自己创作的，但仅凭记忆肯定不能百分之百地还原，所以只能借助英译本，这个过程里会发生一些因记忆缺失而发生的变异；其二，作者的心境会发生变化，中国有古诗言：“少年听雨歌楼上，红烛昏罗帐。壮年听雨客舟中，江阔云低、断雁叫西风。而今听雨僧庐下，鬓已星星也。”面对同样的场景和事件，作者的经历和心境不同，字里行间也会发生或有意识或无意识的变异，尤其是作者经历了多年的流亡生涯，经历和心境或许已跟当初有所不同，对同一个情节的描述，或许内心起伏已经全然不同。就如弗拉基米尔·纳博科夫（Vladimir Nabokov）认为自己过去的作品就如“酸涩的果实”，现在的翻译就是重新审视过去的作品，能够使自己过去的作品变得成熟。翻译的一种功用就在于弥补原作之不足，所以有必要采取创造性叛逆的翻译策略（段峰、马文颖，2016：79）；三是作者已在异国生活多年，对英语的文化语境耳濡目染，甚至反过来影响到其母语的使用习惯。很明显的一点就是论文中提到的阿瑟·库斯勒（Arthur Koestler）在回译过程中已经意识到了自己的“German eroding”，所以请了两位以德语为母语的助手沃尔夫冈·冯·埃因塞德尔（Wolfgang von Einsiedel）和鲁道夫·乌尔斯坦（Rudolf Ullstein）来作为读者阅读自己的回译本，乌尔斯坦发现库斯勒在回译本种时使用了大量的外来词，于是，他向库斯勒请求修改这些外来词，以变成地道的德语表达；《库斯勒：不可或缺的知识分子》（*Koestler:The Indispensible Intellectual*）的作者迈克尔·斯卡梅尔（Michael Scammell）也提到她在对比阅读英译本和德语回译本时，发现有意思的一点是英译本有大量的德语用词和表达，而库斯勒的德语回译本却反过来充满了大量的英文表达（Gaskill, 2020）。

自译是一种特殊的回译，在作为自译的回译过程中，作者通常有两种心态，一种是基于不同文化语境下的读者理解会产生差异而做出的调整或者出于自身创作和完善作品的需要，让回译本发生有意识的变异，比如弗拉基米尔·纳博科夫（Vladimir Nabokov）在自译中采取了高度的创造性叛逆，对原文进行了大幅的删改，张爱玲四度译写《金锁记》等。另外一种心态就比如Koestler，在回译的过程中有意识地借助和依靠中间译本，尽力地去还原最初的所谓原文。所以，后者在回译的过程中备感枯燥无聊，库斯勒自己描述这是一个“枯燥、痛苦、令人绝望的过程”（Gaskill, 2020）。

4 向度、“源”“流”及相生关联

4.1 向度

回译在英文中始称 retroversion，在王同亿主编译的《英汉辞海》中，retroversion 被解释为：1.a 倒退；b. 退化退回发展的低级阶段；c. 翻译成原来的语言；2. 子宫后倾。凯瑟琳·施瓦茨（Catherine Schwarz）主编的（*The Chambers Dictionary*）中的释义为：*n.* a turning or falling back; backward displace-ment。显然这些都不能代表回译，所以后来这一概念的指称演变为 back-translation。这一变化也反映出了学界对回译现象的理解在不断加深，retro 的词根含义有倒退的、原始的含义，代表人们起初的理解中的回译只是一个单向度的原路返回，而 back 则是多向度的，甚至也不是平行的从译文返回到原文的过程。鉴于回译本会在一定程度上发生变异，那么回译就注定不仅仅是简单地从目的语回到源语的原路返回，而是以目的语译本作为起点，将其作为新的原文，重新出发，另辟蹊径，到达一个跟之前不同的点，哪怕再相近，也不会完全重合，就如古希腊哲学家赫拉克利特（Heraclitus）所说，“人不会两次踏入同一条河流”，一个作者也不会两次写出完全相同的一个作品。一旦回译，翻译活动便不再是一个闭环了，而是朝着两个方向的轨迹，不是单一的往复轨迹，由此，回译这一翻译行为的维度便从单向度拓展为了多向度。从单一中解放出来之后，新的概念性问题与可能性就产生了。

4.2 “源”

霍华德·加斯基尔（Howard Gaskill）整篇论文的落脚处在于试图通过阐明同一部作品的创作、翻译、作为自译的回译这一系列的变动，启发读者思考文本不确定性与翻译的关系，打破原文是一个不可动摇的稳定整体这一观念。创新之处在于，在其他学者试图从理论上去解构原文的地位时，作者从文本本身，消解了原文不可动摇的地位，即同一个作者产出的原文本身，都会发生变动。就原文与译文的关系而言，中西方学界千百年来都有很多探讨，但究其背后最深层的哲学根源，或许可上溯到“逻各斯”与“道”，这关系到如何切入原文与译文的关系。就西方学界而言，原文的权威性建立在逻各斯中心主义的哲学基础之上，叔本华曾引用西塞罗的话说：“逻各斯”这个希腊词既有理性的意思，又有言说的意思（Cicero：De Officiis, I.16）。斯蒂芬·乌尔曼（Stephen Ullman）也评论说“逻各斯”作为众所周知的一个歧义词，对哲学思想产生了重大影响，因为它“具有两个主要的意思，一个是相当于拉丁文oratio，即词或内在的思想借以获得表达的东西，另一个相当于拉丁文ratio，即内在的思想本身”。（Ullman, 1962:173）德里达将这种拼音文字的形而上学称为逻各斯中心主义。传统的逻各斯中心主义预设着一个先验的、永恒的、如如不动的、主客分离的存在，一个绝对的中心。

赫拉克利特（Heraclitus）的残篇告诉人们：“不要聆听我，要聆听逻各斯”（Heraclitus, 1979:45），维特根斯坦在《逻辑哲学论》最后的隐喻中也提到，读者在领悟了他的命题之后，应该像“登楼入室后抛弃梯子”一样抛弃这些命题（Wittgenstein, 2003:189）。而这其中的哲学意味，与几千年前的东方典籍不谋而合：《道德经》有云，“道可道，非常道，名可名，非常名”（王弼，2011：2）；《金刚经》中也充斥着大量诸如“三千大千世界，即非世界，是名世界”一类的字句，提炼出来就是“XX，即非XX，是名XX”的句式，凡此种种，甚至包括孔子的“述而不作”，《周易》中的“书不尽言，言不尽意”，都是拒绝了语言对真理的绝对把握，将索绪尔语言观中的能指与所指剥离开来的表述，指出了语言表达的有限性。

钱锺书认为中西方的“道”与“逻各斯”是有可比较之处的，甚至在不少译本中，很多译者觉得逻各斯可以直接译为“道”。张隆溪认为思想、言说和文字的形上等级制不仅存在于西方，同样也存在于东方，逻各斯中心主义也并非仅仅主宰着西方的思维方式，而是构成了思维方式本身（张隆溪，2006：77）。不仅在西方的逻各斯中，而且在中国的“道”中，都有一个词在力图为那不可命名者命名，并试图勾勒出思想和语言之间那颇成问题的关系，“道”与“逻各斯”这种明显的相似，显然激励着人们做进一步的探索。（张隆溪，2006：80）张隆溪更多的是观察和归纳了“逻各斯”与“道”的共同之处，而曹顺庆指出了其中的差异，他认为“逻各斯”与“道”，都是“永恒”的，是“常”（恒久）的，超越所有时空的束缚；“道”与“逻各斯”都有“说话”“言谈”“道说”之意；“逻各斯”与“道”都与规律或理性相关。他指出“道”与“逻各斯”的不同之处在于“有与无”“可言者与不可言”“分析与体悟”这样三个方面，而这三个方面就是中西文化与文论分道扬镳的起点（曹顺庆，1997：54）。

4.3 “流”

作为西方现代语言学之父的索绪尔认为，西方自亚里士多德以来的语言学指称论是不完善的，其对语言意义的认识是片面且机械的，在他看来，语言的意义在于事物与语符之间的差异性（Meaning lies in the play of differences），索绪尔关于差异产生意义的观念动摇了语言意义的确定性。

在继承索绪尔关于差异产生意义的观念的基础上，哲学家德里达突破了索绪尔语言意义观的局限性，他认为不仅语言的意义在于事物与语符间的差异性，而且世界上的万事万物的意义皆源于彼此之间的差异，这一看法打破了几千年来西方逻各斯中心主义的统治，打破了在场与不在场的二元对立，提出了著名的“延异”观。“延异”具有两层含义，一为延，延缓之意，任何事物都在不断的变化延展中，并不是静止的；二为异，相异之意，万物的意义并不在于其本身，而在于其相互之间的间距与差异。与传统的逻各斯中心主义相异，德里达认为并没有一个绝对的中心，一切事物都在延异之中，在差异之中显示出意义，而这个意义也并非固定的，而是永远处于流变、延宕之中，不为人所把握、抓住，人所谓对意义的把握，都只不过是对意义延宕之后留下的踪迹（trace）。这一观点也与“道”的观念不谋而合，一是道“周行而不殆”，而且像空气一样充盈万物，视之不见，听之不闻，却无所不在，无时无刻不处在运动与变化之中；二是道有无相生，“天下万物生于有，有生于无”，超越在场与不在场的二元对立；三是否定了事物的绝对意义，认为事物的意义从差异和间距中体现，就如老子所言“天下皆知美之为美，斯恶已。

皆知善之为善，斯不善已。故有无相生，难易相成，长短相形，高下相倾，音声相和，前后相随。”

“道生一、一生二、三生万物”这个概念包含了两层含义，从时间上来理解，也脱离不了逻各斯中心主义等级制度的藩篱，就是在书写之前，有言语，在言语之前，有一个独立存在的意义，反映到原文和译文的关系便是在时间顺序上，原文永远是先于译文产生，原文在先，译文在后。

但从空间上来理解，便是“道”和“逻各斯”的差异所在了，一是《道德经》有云：“天下万物生于有，有生于无”，王弼注：“天下之物，皆以有为生。有之所始，以无为本。将欲全有，必反于无也。”最终的源头并不是哪一个中心，而是“无”，二是就如科学家发现的，在高维空间里，没有时间的存在，过去、现在与未来同时存在，时间显化成一条条轨迹一样，“道生一、一生二、三生万物”的意义在空间上在于没有时间的先后，一是道的延展，二是一的延展，万物是三的延展，所有都是道的本身，并不分主次、先后与你我，也即，道就是一，一就是二，三就是万物，道同时是一、二、三和万物，后者是前者的延展，平铺平行，无限延展。道的“有”从“无”而生，无形无相，弥漫于一切，无处不在，“视之不见，听之不闻，博之不得”，反映到翻译观中便是任何文本都不是独创、孤立、封闭的文本，所谓原文，也并不是一个终极的“源头”，一个在场的文本与无数不在场的文本有着千丝万缕的动态关系，不停相互交织与转化。

4.4 相生关联

这样的哲学理念就和德里达的解构主义一样，切入原文和译文的关系便是原文虽然在时间顺序上先于译文，但是却不是所谓的“源头”，也不是一个如如不动的绝对存在，原文也处在变动之中，例如论文中《中午的黑暗》在作为自译的回译过程中发生的变异、比如张爱玲在将自己的英文作品自译回译中主动发生的创造性叛逆，这使得原文不仅在深层哲学意义上具有不确定性，更是从表层的文本体现上发生了变异，原文不仅处在变动之中，而且跟译文相生相成。如此，翻译活动便不再局限于某个终点、某个起点和某个单一的方向，就如同烟花绽放时一般，不断延异，不断播撒，不断相互辉映，也如同大自然中水文系统的循环，水汽蒸腾变为云，积云成雨变为河流，河流又在沿着广阔脉络奔腾入海的过程中，不断蒸腾又变为云，源变为流，流又变为源，源流相生，没有起点和终点，循环往复。但很多学者认为，德里达的观点难免会陷入一种虚无主义和不可知论，笔者认为确实应该用辩证的思维来看待，翻译活动并不像德里达认为的是一个完全无法捉摸的活动，虽然万事万物都处在不断的变动之中，但我们仍然可以从万变中截取一些不变来进行研究，如同从一个生生不息的水系脉络中，选取一个个的横截面，从而尝试在万变的瞬息静止中把握全貌。弱水三千，我们仍能取一瓢饮；万古长空，我们仍能从一朝风月中去领悟。

5　“源流相生”下文化回译的当今意义

基于以上哲学观照，我们再来审视原文和译文的关系，会发现二者将不再是分离、对立或是平行的，而中西方认识的差异也不在于绝对性的差异，即并非对立，只是有相同，也有不同，侧重点与偏重不一样而已，而且中西方渐渐趋于汇合，或许未来也会发生一场学术界的“东方转向”。有了这样的认识，我们再看置于当今新文科背景下的回译研究，不难发现其在全球化时代中的文化意义，那就是不再拘泥于一个所谓的“源头”和原文，而是在不断传播、交流和变化的痕迹中去挖掘背后的意义。

揭示源语文化与目标语文化之间包括政治、历史、思想、意识形态等在内的文化关系，而不仅仅是研究语言层面的回译，主要在于帮助我们认识这些差异和分析目标文本与源文本之间的对应关系。通过文化回译，目标文化中那些不懂外语的普通读者能够更直观，深入地了解异国文化对于自身的看法，能让更多的受众透过“他者”的眼光审视自我、反省自我、从而达到更准确、全面地认识自我的目的。因为是“他者”的目光，所以会存在有跟自我审视时，目光落脚点不一样的现象，这使得我们在进行回译时，能时不时地从中发现一些以往忽略掉的角度。比如在马克思的不朽名著《资本论》中，提到了一个中国人的名字——“Wan-mao-in”，《资本论》一共提到了680多个世界各国的人物，却唯有这一个是中国人，其重视程度，可见一斑，但在《资本论》中如此重要的中国人，却在中国历史上几乎是查无此人。起初也令译者们绞尽脑汁，大多采取了音译，日本的河上肇博士译为“王猛殷”，也有人译为“王孟尹”，陈启修先生译为“万卯寅”。1930年，经济学教授陈启修先生翻译的《资本论》第一卷第一分册出版，涉及这位唯一的中国人，该段落的翻译如下：

> 中国的财政官万卯寅（原文是Wan-mao-in，我曾托友人到清史馆查此人的原名，现在还无结果，这里姑译为“万卯寅”，等将来查明时再改正罢。日译本译成“王猛殷”或“王孟尹”，那当然是因为日本人不知道中国人的罗马字拼音法的缘故，却也未免差得太远了。……陈）暗暗地立了一个计划，想把大清帝国纸币变形为银行兑换券，打算把那个计划，奏请皇帝裁可。他在1854年3月的帝国纸币委员会的报告当中，大大地碰了钉子。不过，他到底因此受了照例的笞刑没有，却还没有明白的消息……

后来在1936年六七月间，正在日本亡命的郭沫若先生，在重读《资本论》译本时，翻阅了手头的《东华续录》，恰巧查到了关于此人的记录。1854年是咸丰四年，那年的三月初一是庚子，在初五日甲辰项下有这样一条记载：

> 户部右侍郎王茂荫奏：钞法未善，酌拟章程四条。并以兵民怨恨，自请严议。得旨：王茂荫身任卿贰，顾专为商人指使。且有不便于国而利于商者，亦周虑而附于条款内，何漠不关心国事，至如此乎？

并自请严议，以谢天下。

在接下的初八日丁未又有涉及的一条：

谕内阁恭亲王奕、亲王衔定郡王载铨，奏：“遵议王茂荫条陈钞法窒碍难行一折，著即照所奏均无庸议……

以下是对王茂荫的申斥之辞。对他的奏折大为不满，认为他“殊属不知大体！复自请严议以谢天下，尤属胆大！”云云；最后是“王茂荫著传旨严行申饬。”

郭沫若先生读到这两节记载，结合《资本论》脚注中所述相互比照，认为：“这王茂荫必然就是 Wan-mao-in 无疑。”（杨建民，2004）

后来我国最早的《资本论》第一卷中文全译本的译者之一、著名的历史学家、思想家侯外庐先生对清史资料进行诸多查阅，又请教了研究财政史的崔敬白先生，也确定和印证了马克思提到的这位 Wan-mao-in 是曾经两次主张货币改革、因此受到咸丰帝训斥的户部右侍郎王茂荫。侯外庐先生为了严谨，直到买到一部《王侍郎奏议》，研究了王茂荫的经济主张与货币主张，才确认这位在历史上蒙尘的王茂荫正是《资本论》中的 Wan-mao-in。而从王茂荫到 Wan-mao-in 再回到王茂荫，也是涉及了中文、俄文、德文的翻译与回译，当年，王茂荫两次主张货币改革，遭到咸丰皇帝的训斥，成为当时轰动朝野的一件大事。这件事被当时驻北京的俄国传教士巴拉第得知。巴拉第是俄国 19 世纪的汉学家和传教士。作为俄罗斯驻北京布道团的神职人员，他利用其特殊身份和地位，从清廷中搜集到有关王茂荫的货币改制过程与有关奏折事项，由下属叶夫拉姆皮译成俄文，编入《帝俄驻北京布道团人员论著集刊》第三卷，于 1857 年出版。1858 年，德国人卡尔·阿伯尔和阿·梅克伦堡将《论著集刊》前三卷选译，并重新起了个书名，出版了德文版《帝俄驻北京公使馆关于中国的著述》。这本书被马克思注意到了。马克思就是根据该书德文版，了解到王茂荫及其货币观点的，并将其写入自己的《资本论》

中（王正良，2006：13）。因为我国古代封建社会重农抑商，所以这位户部侍郎提出的象征着宝贵资本主义萌芽的货币主张，随着其名字一度被历史掩埋，直到当今社会，才经由这场曲折的回译，得到应有的重视，被学术界评价为我国封建社会货币理论的最高成就。一个短短的人名的文化回译过程，折射出了巨大的时代变化和思想变迁。

除此之外，文化回译还有一个意义就是能通过他者的眼光，了解到本国文化传播与形象构建中存在的一些问题，比如在某些没有达到预想的文化传播效果甚至于产生了误读的地方，通过回译能够及时纠偏，增进国家与文化之间的相互交流与理解。比如说中国的“龙”这一概念就是一个典型的例子，我们通过对一些西方的文学作品，尤其是杂志中的插图了解到，西方眼中的中国龙是一种富有侵略性的暴戾形象，便也不难想象西方有些政客为什么鼓吹中国“威胁”论，将中国这样一个自古以来热爱和平的国家看作洪水猛兽，当然其中的原因并不只是因为一些文字和插图，有更深层次的政治、经济、人类学、历史、地理环境、国民心理以及文化方面的原因，这种歪曲只是以上诸多因素的其中一个表象而已，但通过对“龙”这个概念的回译，我们知道了在西方眼中，中国的形象经过了某些别有用心的歪曲。

源与流，无与有，都在生生不息地相生相成，由此，我们摆脱了原文与译文二元对立的藩篱，将文化回译过程看作是宏大历史、经济、政治、时代背景网络下的一个个值得研究的结点，同时在中西方学者共同的理论研究努力下，探寻其更深远和广阔的意义。

参考文献

[1] Baker, M. *In Other Words—A Coursebook on Translation* [M]. London &New York: Routledge, 1992.

[2] Heraclitus. *The Art and Thought of Heraclitus: An Edition of the Fragments with Translation and Commentary* [M]. ed. and trans, Charles H. Kahn. Cambridge University Press, 1979.

[3] Howard, Gaskill. Back-translation as self-translation: The strange case of darkness at noon [J]. *Translation and Literature*, 2020, 29(3): 372–390.

[4] Schopenhauer, Arthur. *On the Fourfold Root of the Principle of Sufficient Reason* [M]. trans. E. F. J. payne. La Salle, III: Open Court, 1974.

[5] Schwarz, Catherine. *The Chambers Dictionary* [M]. 北京：现代出版社，1995.

[6] Shuttleworth, Mark & Moira Cowie. *Dictionary of Translation Studies* [Z]. Shanghai: Shanghai Foreign Language Education Press, 2004.

[7] Ullman, Stephen. *Semantics: An Introduction to the Science of Meaning* [M]. New York: Barnes & Noble, 1962.

[8] Wittgenstein, Ludwig. *Tractatus Logico-Philosophicus* [M]. trans. C. K. Ogden. London: Routledge & Kegan Paul, 2003.

[9] 曹顺庆 . 道与逻各斯：中西文化与文论分道扬镳的起点 [J].《文艺研究》，1997（06）: 51–60.

[10] 段峰、马文颖 . 纳博科夫与文学自译 [J].《俄罗斯文艺》，2016(3): 76–82.

[11] 鸠摩罗什 . 金刚经 · 心经 · 坛经 [M]. 陈秋平 & 尚荣，译注 . 北京：中华书局，2016.

[12] 索绪尔 . 普通语言学教程 [M]. 高明凯，译 . 北京：商务印书馆，1980.

[13] 王弼 . 老子道德经注 [M]. 楼宇烈，校释 . 北京：中华书局，2011.

[14] 王同亿 . 英汉辞海 [M]. 北京：国防工业出版社，1990.

[15] 王正良 . 回译研究 [D]. 上海外国语大学，2006.

[16] 杨建民 . 郭沫若考证《资本论》里提及的中国人 [N].《学习时报》，2004:3–25.

[17] 张隆溪 . 道与逻各斯——东西方文学阐释学 [M]. 江苏：江苏教育出版社，2006.

哲学阐释学对翻译协作的解释效力

——《翻译阐释学视角下的翻译协作》[①]一文述评[②]

（四川外国语大学 英语学院，重庆 400031）　伍凌

摘要： 亚历克萨·阿尔费（Alexa Alfer）在《翻译阐释学视角下的翻译协作》一文中提出，翻译协作概念无法置于现有的翻译阐释学体系中，一是因为哲学阐释学天生带有主观倾向性，二是因为哲学阐释学无法解释具体的翻译实践，这就充分说明现有的哲学与翻译研究结合的跨学科模式存在问题。文章继而提出，从伽达默尔（Gadamer）和利科（Ricoeur）的思想中寻找反对主观倾向的论据，并借鉴利科的跨学科实践，来证明“破译阐释学”是对话理论的替代模式，哲学阐释学与翻译研究之间不是对话关系，而是应该相互转换，这才是有效的跨学科研究模式。

关键词： 哲学阐释学；主观倾向性；破译阐释学；跨学科转换

---

① Alfer, Alexa. The translaborative case for a translational hermeneutics [J]. *Target*, 2020, 32(2) : 261–281.

② 基金项目：本文系四川外国语大学科研项目“从布尔迪厄的‘习性’理论看辜鸿铭的典籍英译实践”（sisu201908）的阶段性成果。

1 引言

2020年《目标》（*Target*）杂志出版了一期关于翻译协作的特刊，其中包括来自威斯敏斯特大学的亚历克萨·阿尔费（Alexa Alfer）发表的一篇名为“翻译阐释学视角下的翻译协作”（“The translaborative case for a translational hermeneutics”）的文章。

文章首先提出之所以将“翻译”和“协作”两个概念结合，是因为翻译活动本质上就是一种协作。而且还引用了弗里高·曼宁（Frigau Manning）的论述，认为翻译活动从来就不是翻译主体的个体行为，从事翻译活动将文本从一种文化转移到另一种文化，译者心里总是装着原文作者和理想的读者。再者，译者本身也免不了受各种行为、话语的影响，翻译活动也可以看作是这些因素协作的产物。

引入翻译协作概念之后，文章简要梳理了阐释学引入翻译的诸多研究。提到了彼德·布朗钦斯基（Piotr Blumczynski）和拉德冈底斯·斯托尔泽（Radegundis Stolze）等学者为了让阐释学在翻译研究中占有一席之地，利用阐释学来让翻译研究获得哲学理据。文章重点介绍了萨拉·梅特兰（Sarah Maitland）的“阐释性破译”思想，她将哲学阐释学具体为以特定方式影响特定受众的带有目的的阐释行为，从而为自己的“文化翻译”概念正名。对她而言，翻译既然是阐释的范畴，就意味着“转换”。

阿尔费（Alfer）还提到了2011年和2013年德国科隆大学举办了两次“翻译阐释学”研讨会，同时也指出所谓的翻译阐释学更多只是将阐释学的方法论运用于翻译研究，甚至就如韦努蒂（Venuti）所指出，翻译的阐释学模式其实就是将翻译看作一种阐释行为。阐释学引入翻译研究，更多是从方法论层面，是一种工具主义的模式。

文章承认阐释学在翻译研究中越来越受到重视，然而这些研究引入哲学阐释学的方式，采取的是宏观视角而非建立在经验层次之上。翻译的阐释学视角将翻译创造性视作文本阐释行为的组成部分，而非伴随行为。创造性成为翻译思维的条件和实现，而非无意识的活动，创造性演变成了晦涩的概念，或者一种解决问题的策略。阐释学思想被引入翻译研究仅仅是为了将翻译塑造为一个“跨学科范式”。这充分说明，我们需要从哲学层面来捍卫阐释学，“抵御来自更多以经验为导向的思想流派的‘严重不信任’”（Alfer，2020：264）。

翻译是一个由翻译活动涉及的多个环节组成的网状结构，也可看作是一个涉及诸多因素的多维结构，但以往对翻译协作的认识仅仅局限于翻译过程中具体的翻译主体之间的协作。本文的目的之一则在于从翻译协作的视角，不仅关注翻译活动本身，也关注更广义上的阐释活动，来纠正这种研究的不足之处。以探索翻译协作是否可以替代理解与翻译中的对话模式，哲学阐释学和翻译活动之间的关系是否可以定义为一种文本翻译活动而非对话。

在梳理了阐释学在翻译研究中引起的各种思考之后，作者提出了自己的两个写作目的：“一方面探索阐释和翻译对话模式的替代方案，另一方面认为哲学阐释学与翻译本身之间的关系应该被视为一种文本和翻译关系，而不是一种对话”（Alfer，2020：262）。为了达到这一目的，首先需要解决两个问题，第一，如何解决哲学阐释学固有的主观倾向与翻译协作之间的矛盾，第二，如何正确建立哲学阐释学与翻译研究之间的跨学科关系，摆脱以往那种仅仅限于方法论层次的运用。

2　主观倾向带来的问题

文章首先指出，“一直以来阐释学在努力作为一种可行的阐释理论和方法论获得认可”（Alfer，2020：264），然而这种尝试本身就来自于阐释学内在的主观倾向。在哲学阐释的体系中，阐释个体就是意义生成过程的阐释代理人。Maitland 曾描述了这一困境，认为如果任何翻译都取决于译者的主观性，那所有翻译都经不起检验。事实上，翻译可以有不同的版本，这就意味着既可以将翻译看作一个具体行为，也可以看作是一个范畴，没有译者的理解是全面的，阐释的结果更应该是一个集合。当然，将阐释个体视作理解行为的代理人，可以确立译者的主体性，也能解释翻译过程中，译者主体性所起的作用。这些研究无疑促进了以译者为中心的翻译研究，同时确认了阐释代理人的中心地位。但是，从阐释学视角审视翻译主体，是否就意味着必须承认阐释学内在的主观性倾向呢？

阿尔费引用斯托尔泽（Stolze）的研究指出，原文的文本结构并非直接生成意义，而是触发了译者对原文本的理解。译文更多是来自译者的表达意图。译者可以看作是文本的合著者，以一种可理解的方式为潜在或预期的读者表达原文本的信息，并“以同理心”对其进行适当处理。译者的个性、情感、认知能力就成为翻译过程中的决定性因素。这样一来，主观倾向既是阐释学的固有倾向，另一方面，也是翻译阐释学方法运用的非文本因素。

阿尔费提出要消除这种主观倾向带来的不利影响，就要突破个体，将阐释行为树立为一个超越个体的结构。有学者延续了翻译体现“作者意图”的传统观点，将译者和作者之间的关系看作是一种动态的关系，而非一种静态的结构，是一种现象学的，而非本体论意义的关系，一种主观的而非客观的关系，受文本制约但并非稳定。

而伽达默尔关于个体认知能力有限的思想似乎可以提供理据。在伽达默尔看来，因为所有阐释都离不开语言，都必然涉及与他者的关系，意义就产生于对话，对话双方都受到语言的约束。意义就诞生于阐释者与文本之间的对话。当然，有学者提出文本并不能说话，或者文本不可能拥有阐释者同等的主体性。伽达默尔承认对话这一比喻有一定的局限性，但这一说法只是为了说明理解行为是超越个体的行为。所谓的文本说话，也只是阐释者在让文本说话，但对话并非由阐释者随心所欲地决定。

阿尔费认为没有必要纠结于伽达默尔的对话理论中的文本是否具有主体性。对话的比喻只是为了克服个体主体性的局限。第一，伽达默尔的对话就是阐释者投入的游戏，更像是一场交易而非互动。第二，伽达默尔著名的“视域融合”理论中的融合不仅仅是文本与阐释者之间的融合，也是阐释者与历史性的融合。真正的理解部分来自包含我们自身理解的过去历史，“是我们重新获得过去历史过去的概念，也包括我们自己对它们的理解”（Alfer，2020：268）。理解并不是理解过去，从而重构文本存在的方式，而是为了实现对文本的理解，阐释者自身的视域是一种观点和可能性，帮助其理解文本的意义。第三，伽达默尔所谓的“视域融合”其实是语言的功劳。伽达默尔认为世界本来就是语言构成的，因此他不会强调语言成就唯一正确的理解，而是认为阐释离不开语言。并非阐释必付诸语言，而是文本必须先借助语言才能成为阐释对象。语言或者是阐释的语言属性决定了阐释者个体的理解局限，同时也突破了个体限制，让理解成为不仅是阐释者的或者作者的，更是二者共有的。语言成为具体的理解和达成共识的媒介。

在伽达默尔的理论中，语言先于阐释，语言也不一定每次都能成功地构建意义。如果从阐释学角度来看待翻译协作，就必然引起疑虑。一方面翻译协作的代理人晚于语言的参与，另一方面，代理人又是作为脱离文本的外部因素出现，这样一来，就产生了风险，无法将阐释行为解释为超越个体的创造意义的过程。

毫无疑问，对于第一个问题的提出，阿尔费可以说是绕了一个大圈子，花了很大篇幅梳理伽达默尔的阐释学观点以及翻译界对其理论的各种挑战，最后从翻译协作的角度提出了问题。问题其实就是翻译协作与阐释个体的主体性之间的矛盾。文章提出把翻译看作是一种协作行为，而非对话，是一种超越阐释个体的意义诞生过程。然而形成文本的语言比阐释者更早参与意义的建构或创造，而且阐释者作为文本外部因素或多或少脱离了文本。这就与翻译协作追求的将翻译理解为超越阐释个体的过程产生了矛盾。

在阿尔费看来，解决第一个问题的答案显然就是“破译阐释学”，其思想根源同样来自阐释学。如果说主体倾向的问题来自伽达默尔的思想，解决问题的方案则来自后结构主义阐释学派的保罗·利科的思想。利科将文本当作话语，一个完整的结构，只属于符号领域，而非伽达默尔认为的意义诞生的对话中的一方。文本的理解不需要阐释者成为新的作者，而是需要阐释者将文本当作一个本身具有意义的符号集合。理解并非从文本中流出或通过文本诞生，意义就存在于文本之中，理解也只能是植根于文本中。这样一来，翻译研究就能顺理成章得更加关注译者之间以及译者与作者之间的协作。作者提出，根据利科的观点，在伽达默尔看来对话性质或者说视域融合性质的阐释过程，应当理解为破译过程。

3　哲学问题

作者提出的第二问题，就是哲学阐释学引入翻译研究，无法与具体翻译实践相结合。从哲学角度看待翻译，只能为阐释者的主体性带来思考，为翻译提供本体论的理论基础，无法有效涉及翻译活动的具体实践和各个环节。

文章首先肯定了将哲学阐释学引入翻译研究的意义，确立了译者主体性研究的地位。翻译的第一步就是理解，理解也就是阐释过程，哲学阐释学有利于翻译研究更深层次探讨意义的诞生。接着作者话锋一转，提出“从哲学角度处理翻译问题的特点，就是仅仅从本体论层面理解翻译，而翻译的具体实践则只是衍生的问题，从而变得无关紧要”（Alfer，2020：271）。阐释和翻译都是具体的实践过程，而哲学阐释学的这些抽象概念引入翻译研究，是否能够有助于理解具体的翻译行为？如果将哲学阐释学的概念放在翻译研究框架之中，重新定义为翻译阐释学，是否能够解释具体的翻译实践？作者对此提出了疑虑。他引用柯尔斯顿·马尔姆克耶尔（Kirsten Malmkjær）的话指出："翻译学者感兴趣的话题，哲学家都不感兴趣，我们不能指望他们的著作会讨论哲学在翻译中的运用，我们只能自己找出来"（ibid）。事实上，在哲学家看来，翻译只是语言哲学的一个分支而已。于是，有学者提出建立翻译哲学，希望从哲学层面系统研究翻译的各个环节和基本概念。还有学者制定了一系列基于翻译实践的基本研究范畴。这些努力都试图解决哲学层面与翻译实践之间的脱节问题，以免让阐释学在翻译研究领域成为一门不够精确的学科。而梅特兰则提出应当将哲学阐释学和翻译共同置于文本和话语实践的场域之中，这样就能真正实现二者跨学科结合的有效性，不仅实现跨学科对话，还能诞生跨学科的"破译阐释学"。

伽达默尔对于翻译的论述不多。他认为文本的信息要传递给阐释者，或者说文本与阐释者之间的对话得以实现，前提就是文本必须讲"正确的语言"，也就是文本和阐释者共享的语言。文本的意义不能脱离语言，而阐释者与文本不可避免有一定的距离，这就意味着每次阐释都会是一次艰难的跨越。对于翻译而言，翻译比原文本更加清晰易懂，这也就意味着翻译不过是伽达默尔眼中的"妥协"。所以想从伽达默尔的思想中去寻找答案，显然不太可能。

尽管利科关于翻译的讨论更少，但还是留下了几篇专门讨论翻译的论文。他认同理解即翻译的说法，认为人类的经验既具有普遍性，也具有特殊性，这就导致他既不否认语言带来的意义多元化，也不否认我们理解语言的能力。利科认为翻译更多被用来论证其他与语言、理解、解释相关的问题，而这些问题本身对翻译研究也有一定影响。

梳理了伽达默尔和利科的思想之后，阿尔费指出："无论对利科还是伽达默尔而言，翻译主要是在为与翻译以外的事物相关的论证服务时被援引，尽管这些论证也许对翻译很重要"（Alfer，2020：274）。而翻译研究需要的不是将哲学研究的个别论述引入进来，而是需要哲学为翻译研究提供系统的哲学体系。翻译研究不需要"树状认识论范式"的跨学科研究，需要"根深蒂固的跨学科范式"。以往的翻译研究，仅仅是将哲学各个分支涉及翻译的思想汇总起来，根本无法利用哲学为翻译研究树立理论根基。我们不仅需要关注哲学研究中明显论述翻译的话语，也要关注哲学中那些对翻译有所涉及的话语。

显然，阿尔费从利科的思想中找到了答案。他指出利科虽然认为自己没有从翻译研究的角度来看待问题，但对译者在翻译中的角色有浓厚的兴趣。利科明确提出翻译具有双重性，首先是一种语言转换为另一种语言，其次是语言化隐为显的转换，这就让文本成为需要破解的矩阵，来解决哲学类似的双重问题，一个涉及与不同文化的相遇，一个涉及如何以不同方式表述同样的事情。哲学的任务就是为翻译行为中起作用的因素确立模式。在此，Alfer 认为利科从哲学为翻译研究树立模式的思想，就是解决阐释学与具体翻译实践脱节这个问题的答案，也就是以文本和话语实践共享的领域作为切入点，其阐释活动也不再仅仅是对话，更是一个破译的过程，也就是前文所提到的“破译阐释学”。

4　跨学科转换

文章的最后一部分是全文的总结。阿尔费认为“破译阐释学”就是解决引言部分提出的两个问题的答案，正文是论证其有效性，而文章的结尾则是为其确立理论根据。作者旗帜鲜明地提出，Maitland 提出的“破译阐释学”能够解决阐释学在翻译研究中引发的两个问题，也就是主观倾向问题和无法与具体翻译实践相结合的问题。文章引用了利科关于文本意义指称、隐喻等观点，试图将利科的理论转换为“破译阐释学”的理论根基。

首先引用梅特兰的观点，认为翻译作为阐释行为，不光先于我们的实践行为，而且比实践更重要。翻译是社会实践，能够赋予行为以意义，也能改变阐释行为本身。意义的重新解读要通过已有解读的指称来实现。

接着引用了利科关于隐喻的思想，认为隐喻本身就是一种话语模式，参与了意义的构建，而非只是意义构建过程中的辅助。通常无法用语言直接描述，就可以借用隐喻。作者利用利科关于叙事模仿的相关论述，试图证明翻译并非文本意义的衍生物，而是存在于文本之中。利科并不认为意义产生的前提是拥有共同的话语，相反他认可个体之间的差异，阐释的差异性就如人类生存状态的多样性。

其实，作者此处更多是运用了利科在《文本范式：有意义的行为等同文本》（"The model of the text, meaningful action considered as a text"）这篇文章中的思想。在这篇文章中，利科开门见山就提出要将文本阐释的方法运用于社会科学，并说明自己写作的目的就是要论证"我们所说的文本意义是否可作为实用的范式来研究社会科学；文本阐释的方法论是否能作为范式来研究人文学科"（Ricoeur，1973：91）。利科提出要重新认识话语这个概念，他认为那些有意义的行为都可以视作话语，带有目的的行为都可以看作文本，利用文本阐释的方法论来解释这些具体的行为。利科的这一思想，其实是将文本概念或者说话语概念扩展到了社会行为领域，倒过来说，就是将社会行为纳入了文本研究的范畴，其理据就是社会行为和文本都存在话语这个域之中。

利科的这个思想显然启发了阿尔费，他在文章中也数次提到了文本和话语这个共享的域。既然文本和行为都可以被看作是话语，从而拥有了共享的域，让二者互通有了可能。那么哲学阐释学和翻译研究也同样存在于共同的域之中，二者可以进行转换，这样一来两个学科的对话，就成了同一个场域内，不同个体间的转换。同时阿尔费也继承了利科重视文本的思想，认为意义存在文本之中，需要去破解，而破解的方式就是利用指称的衍生性。总之，哲学阐释学与翻译阐释学之间的关系不是对话关系，而是相互转换的协作努力。

5 反思

阿尔费的这篇文章没有过多论述翻译协作这个概念，是因为这篇文章发表在《目标》杂志关于翻译协作的一期专刊中，第一篇文章就是关于这个概念的介绍，所以没有详细论述也情有可原。从文章的论述，我们不难看出，这篇文章中的翻译协作应该是指三个层面：不同译者之间、译者与作者之间、哲学阐释学与翻译研究之间。前两个层面的翻译协作如果能够从哲学中找到理论根基，那么第三个层面的翻译协作的难题也就迎刃而解了。应当说，翻译协作这一概念的引入确实为翻译研究拓展了研究范围，也更能合理地解释翻译活动。而且 Alfer 在文章中提到的阻碍哲学阐释学与翻译协作概念结合的两个因素确实存在，即哲学阐释学天生具有主观倾向，哲学阐释学和翻译研究无法形成有效的跨学科模式。

阐释者作为阐释活动的主体或者说阐释活动的代理人，具有主观倾向，这原本不是个问题，因为伽达默尔早就论证过“偏见”不是理解的障碍而是理解的基础。但一旦阐释并非个体行为，而是多个主体协作，那么主观倾向就成为问题。如何从理论层面上确保多个阐释者的主体倾向达成妥协？就算达成妥协，又如何从理论层面证明这种妥协的有效性呢？毫不夸张地说，多个阐释主体的主观倾向几乎从理论上否定了翻译协作的可能性。

同时，翻译协作也对以往的翻译阐释学研究模式提出了挑战。从哲学阐释学来说，理解加表达的翻译过程，其实就是阐释过程生成意义，再将意义重新转换为另一种语言或符号。如果阐释过程加入协作这个环节，那么原有的所谓翻译阐释学就无法提供有效的理据。当然在 Alfer 看来，现在的翻译阐释学本来就不是有效的跨学科结合模式，因为这个模式更多停留在本体论层次，根本就无法为具体的翻译活动提供哲学层面的解释。就如哈曼达尔（Mohammad Ali Kharmandar）所言：“尽管阐释学概念在翻译研究中很重要，但阐释学和翻译实践有着明显的距离，至少从文本分析方法论的角度来说是如此”（Kharmandar，2018：53）。阿尔费认为这种从哲学研究中引入概念的做法，算不上真正的跨学科结合，只能算是“树状认识论范式”。阿尔费在文章中也明确提出，哲学阐释学与翻译研究的理想结合模式应该是“根深蒂固”的跨学科范式，哲学应该为翻译研究提供理论根基，而不是方法论，而这也是他研究的终极目标。所以，翻译协作概念的加入，让翻译阐释学这个原本牵强的跨学科结合体更加失去解释效力。

无论是在坚持阐释方法论的施莱尔马赫（Friedrich Daniel Ernst Schleiermacher）和狄尔泰（Wilhelm Dilthey）的理论中，还是在坚持本体论的伽达默尔的思想中，阐释者要么是作为个体存在，要么只是一个集合概念。在阐释学方法论中，根本就不涉及翻译协作，关注的焦点是阐释者如何从文本中获取作者的意图，阐释者的作用就是运用科学的方法去获取信息，从而实现作者的意图。在哲学阐释学理论中，阐释活动就是阐释者与文本的对话，也可以说是阐释者的视域与文本的视域融合，意义就诞生在这个过程之中。在伽达默尔的眼中，既没有文本意图，也没有作者意图。虽然伽达默尔非常重视阐释者的作用，但他的重视强化了阐释学的主观倾向，更加否定了在阐释过程中进行协作的可能。从上文分析不难看出，翻译协作这个概念确实很难置于当前的翻译阐释学范式之中，阿尔费的疑虑不无道理。

毋庸讳言，阿尔费这篇文章找出了问题之所在，但无论是论证过程还是论证结果都有很多值得推敲之处。首先，他提供的解决方案明显缺乏说服力。他所推崇的“破译阐释学”根本就没有合理的哲学依据，也缺乏严密的论证。破译什么？破译对象当然是文本或话语，为什么破译？当然是为了获取意义，这难道不就是阐释学理论中的阐释行为吗？所有阐释学流派的理论核心都是为了充分获取有效信息，无论这个信息是所谓的“作者意图”“文本意图”还是“视域融合”的结果。“破译”就是以获取信息为目的的阐释手段而已。所以问题来自阐释行为，而解决方案是换一种说法的阐释行为，这也就让问题的提出和与解决方案的论证无法明显区分开来，恐怕这也能解释为什么正文的前两部分，大部分篇幅都用于提出问题，只在最后对解决方案一笔带过。

其次，阿尔费试图从利科的思想中寻找解决方案，这个思路也值得商榷。在阐释学中，论及跨学科，学界第一个想到的肯定是利科。利科非常擅长将不同学科的思想融合在一起，就如理查德·卡尼（Richard Kearney）所说："他可以说是无与伦比的哲学交流的外交官，永远能在表面上不可调和的观点之间找到相通之处。"（Kearney，2007：147）在谈论翻译问题时，利科就提出了三种范式：语言学、本体论、伦理学。也许这正是 Alfer 选择利科的思想作为突破口的原因。但是，必须指出的是，利科眼中的翻译就是阐释行为，他引入不同范式的目的，只是为了将阐释行为置于社会活动的大背景之下，而非是为了给翻译研究寻找学科融合的可能。利科眼中的 translation 就是阐释行为，他是从阐释行为的意义上使用 translation 这个词。在前文提到的《文本范式：有意义的行为等同文本》这篇文章中，利科只是将社会行为转化为话语，纳入阐释学研究范围，这也跟翻译研究没有任何直接关系。在利科的思想中，翻译只是一个视角，而非研究对象，就如丽莎·福伦（Lisa Foran）对比伽达默尔和利科之后所总结的："在伽达默尔的著作中，翻译仅仅是为了说明某个具体阐释学问题的例子或说明，为了说明具体的或者极端的阐释例子。但对利科而言，翻译本身就是一个明确的话题，可以为洞察社会和政治局势提供一个更广泛的视角"（Foran，2018：90）。事实上，Alfer 在文章中也确实没能提供任何利科关于翻译与哲学结合的论述。

另外，Alfer 在文章中提出伽达默尔有反主观倾向，这似乎误读了伽达默尔的本意。伽达默尔讨论阐释个体的认知能力，只是为了证明阐释者都是带有一定的"偏见"参与阐释活动，也就是他所说"占据解释者意识的前见和前理解，并不是解释者自身可以自由支配的"（伽达默尔，2010：418）。他是在论证阐释个体的认知前提，绝对不是在讨论反对主观倾向。千万不要忘记，伽达默尔将理解定义为一种创造行为，他明确提出："理解就不只是一种复制的行为，而始终是一种创造性的行为"（伽达默尔，2010：420）。从某种程度上说，伽达默尔的思想不仅不是反对主观倾向的理据，反而是将翻译协作引入哲学阐释学的最大障碍。

伽达默尔主张将文本和阐释个体之间的关系视为两个主体之间的主体间性，而非传统意义上的主客二分的结构。所谓的“视域融合”其实是突显了阐释者在意义建构中的作用，按照他的理论，翻译就是阐释个体的理据行为。但一旦翻译研究引入了协作这个概念，问题就出现了。无论翻译协作理论是指多个译者之间的合作还是作者与译者之间的合作，阐释过程或者是理解过程并非由单一的阐释者来完成，那么阐释者的个体主观性与集体合作阐释之间就必然产生矛盾。既然每个阐释者都带有自身的主观倾向，那么翻译协作中的共同阐释过程如何去协调这种阐释个体的主观倾向就成为绕不开的问题。按照伽达默尔的观点，阐释个体的主观倾向是无法避免的，那不同阐释者之间的协调也是不可实现的。我们不应当忘记，正是因为伽达默尔认为个体的主观倾向是无法客观的，他本人认为翻译是不可实现的，以至于他一度反对将自己的著作翻译成其他语言。如果说，非要从哲学阐释学中找到带有反对主观倾向的论述，也许只能来自坚持“文本意图”的利科，因为他反对过于夸大阐释者的作用，所以曾提出：“话语的客观性主要有两方面，也就是话语是什么，话语是关于什么，前者是话语的含义，而后者是其指称意义”（Ricoeur，1976：19）。

6　结语

任何学科要想获得认可，实现学理上的合法化，就必然离不开完整体系和哲学根基。完整体系或者说系统的理念，是为了厘定学科研究范围，毕竟一个没有研究边界的学科，就没有存在的逻辑依据，更谈不上所谓的跨越学科，没有边界，何来跨越一说。哲学根基是为了从本体论上为学科树立基本理念，就如海德格尔（Martin Heidegger）关于存在与理解的思想成功将阐释学从方法论转化为哲学阐释学，这也是包括 Alfer

在内的诸多翻译学者努力引入哲学思想的目的。然而哲学毕竟是被称作所有学科的总学科，并不能为所有学科的具体问题提供可行的解决方案。诚然，哲学也有不同流派，但不管是何流派，其区别也在于认识论和方法论的不同，否则也不会被归于哲学之下。从本质上说，哲学只能为其他学科提供认识论和方法论上的支持，任何想要从哲学层面寻找具体解决方案的努力，注定不会成功。无论是哲学阐释学还是其他哲学流派，概莫能外。

参考文献

[1] Alfer, Alexa. The translaborative case for a translational hermeneutics [J]. *Target,* 2020, 32 (2): 173–190.

[2] Foran, Lisa. Gadamer and Ricoeur. J. Piers Rawling & Philip Wilson *et al.* *The Routledge Handbook of Translation and Philosophy* [C]. London: Routledge, 2018.

[3] Kharmandar, Mohammad Ali. The intersections of translational hermeneutics and narrative hermeneutics: The foundational considerations. Radegundis Stolze & Beata Piecychna *et al.* [J]. *Translational Hermeneutics*, edited by special issue of Crossroads, 2018,20 (1): 51–70.

[4] Ricoeur, Paul. The model of the text: meaningful action considered as a text [J]. *New Literary History,* 1973, 5 (1): 91–117.

[5] Ricoeur, Paul. *Interpretation Theory: Discourse and the Surplus of Meaning* [M]. Translated by David Pellauer. Fort Worth: Texas Christian University Press, 1976.

[6] Kearney, Richard. Paul Ricoeur and the hermeneutics of translation [J]. *Research in Phenomenology*, 2007, 37 (2): 147–159.

[7] 伽达默尔．诠释学 I 真理与方法 [M]. 洪汉鼎，译．北京：商务印书馆，2010